W0095482

DELIUS KLASING

Carl Werner Schmidt-Luchs

Angeln von Bord

Delius Klasing Verlag

Außerdem ist von Carl Werner Schmidt-Luchs im Delius Klasing Verlag erschienen:

Meeresangeln in Europa

Die Deutsche Bibliothek – CIP-Einheitsaufnahme

Schmidt-Luchs, Carl Werner:
Angeln von Bord / Carl Werner Schmidt-Luchs. – 3., überarb. Aufl. – Bielefeld :
Delius Klasing, 1999
   (Yacht-Bücherei ; Bd. 108)
   ISBN 3-87412-149-6

3., überarbeitete Auflage
ISBN 3-87412-149-6
© Copyright by Delius Klasing Verlag GmbH, Bielefeld

Titelfoto: Angler mit Dorsch am Twister-Köder. Foto: C. W. Schmidt-Luchs
Umschlaggestaltung: Ekkehard Schonart
Gesamtherstellung: Ludwig Auer GmbH, Donauwörth
Printed in Germany 1999

Delius Klasing Verlag, Siekerwall 21, D-33602 Bielefeld
Tel.: 0521/5 59-0, Fax: 0521/5 59-1 13
e-mail: info@delius-klasing.de
http://www.delius-klasing.de

Inhalt

Vorwort

Freunde der See,

Euer Kiel gleitet ständig über Seefische hinweg. Dieses Büchlein will dazu beitragen, daß beim Törnen künftig die leckersten Fische gefangen und in der Kombüse verwertet werden. Denn: Nirgendwo ist der Fisch so frisch, und nirgendwo schmeckt er besser!
Die besten Angelreviere der Ostsee, aber auch der Nordsee und des Mittelmeeres werden verraten, die wirkungsvollsten und zugleich einfachsten Fangmethoden erklärt.
Sie werden staunen: Nur eine Rute und Rolle sind notwendig, dazu ein paar künstliche Köder, und schon zappeln Dorsche, Makrelen, Heringe und Plattfische am Haken. Angeln ist einfacher, als Sie denken.

Darum: Laßt fallen Haken!

Tight Lines und Petri Heil!
Carl Werner Schmidt-Luchs
Angling Consultant, Hamburg

Angelgebiete

Angeln, wo die Fische sind

„Das Meer ist weit, das Meer ist blau – doch wo schwimmt er denn, der Kabeljau?" Das ist, frei nach dem unvergessenen Heinz Erhardt, die Kernfrage für jeden Skipper. Gegenüber einem „gelernten" Angler ohne seemännische Ausbildung haben Yachteigner jedoch einen großen Vorteil: Sie besitzen Seekarten und können sie vor allem lesen.

Seekarten sind Schatzkarten für Angler. Die Karten verraten, wo die Fische stehen, denn diese haben Vorlieben für bestimmte Seegebiete, die in guten Karten eingezeichnet sind. Ganz generell läßt sich sagen, daß tischebene, größere Gebiete mit sandigem Grund die wenigsten Fische beherbergen, es sind die „Wüsten" der Meere. Fische in fangbaren Größen finden ihre Nahrung – das sind in erster Linie Kleinfische, Garnelen, Krebse und Schalentiere – im deckungsreichen Gebiet mit hartem Grund. Nur dort gibt es Verstecke und den harten Boden, auf dem Pflanzen wurzeln und sich halten können. Ausgedehnte Gebiete mit Braun-, Rot- oder Grünalgen (Tangen) sind wahre Schlemmergebiete für angelbare Fische. Tang am Angelhaken bedeutet immer: Hier sind auch Fische. Gebiete mit Pflanzen sind direkt oder indirekt auf den Seekarten zu erkennen. Man beachte sorgfältig die Kartenhinweise auf Steine, Korallen, Seetang, Klippen, Grobkies oder harten Grund (s. Tabelle). Auch Hinweise auf Wracke oder unreinen Grund sind Wegweiser zu den Fischen, denn solche Hindernisse sind meistens dicht mit Seepocken, Muscheln, Seeanemonen und Tangen bewachsen – ein Dorado für Fische. Überdies werden all diese Gebiete von den Netzen der Berufsfischer verschont, und das bedeutet wiederum verbesserte Fangchancen.

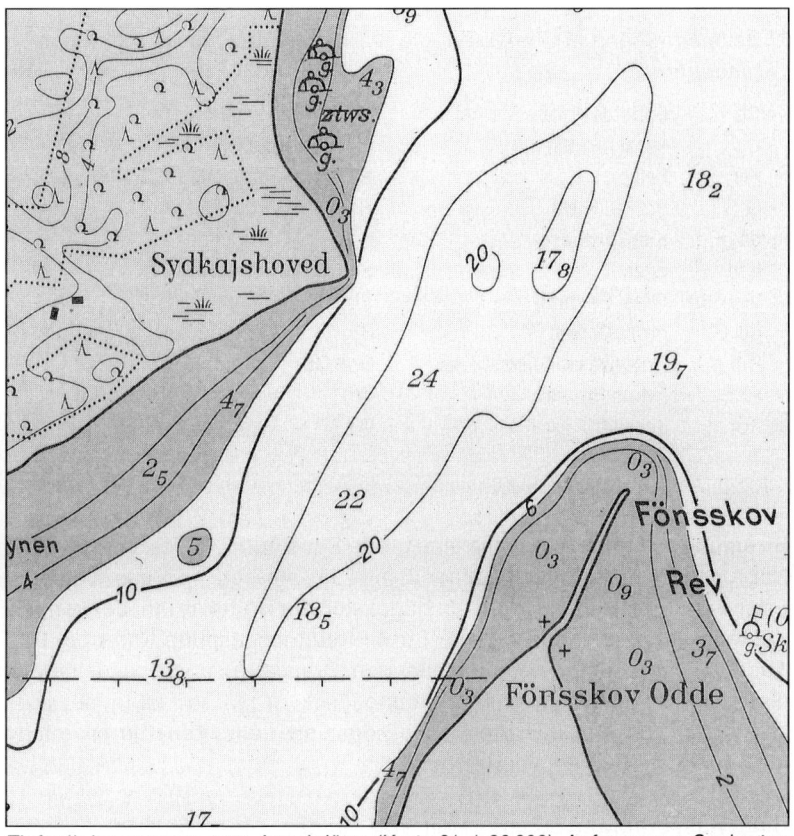

Tiefenlinien verraten gute Angelplätze (Karte 21, 1:20 000). Auf genauen Seekarten wie dieser kann man die Topangelplätze gut erkennen: Der starke Fanö-Sund-Strom hat eine tiefe Mulde ausgewaschen, dort unten ist der Strom schwach, Nahrung wird zusammengetrieben, und das zieht Dorsche und Plattfische an. Kleinfische drängen sich, vor dem harten Strom Schutz suchend, nah an die Küste. Am Fönsskov Rev und am Sydkajshoved jagen im Stromschatten die Meerforellen, auf den Scharkanten findet man Plattfische und Dorsche. Wenn der Strom abnimmt oder umschlägt, kann die gute Angelei für Stunden vorüber sein. Pos: 55°28'N, 9°43'E.

Bezeichnungen in Seekarten, die auf vermehrtes Fischvorkommen hindeuten:

Cb	cobbles (große Steine)	M.	Muscheln
Co	coral (Korallen)	P	pebbles (kleine Steine)
Fls	Felsen	Pt.	Pteropoden (Schnecken)
G	gravel (Kies)	R	rock (Felsen)
gb. K	Kies, grober	Rgd.	Riffgrund
Grs	Gras	Schw.	Schwamm
grs. Stg.	Gras, Seetang	St	Steine
gß. St.	große Steine	Stg.	Seetang
Klp	Unterwasserklippe	Unr. Gd.	Unreiner Grund
kl. St.	kleine Steine	Wd	weed (Seegras, Tang)
Kor	Korallen	Wk	Wrack

Strömungen haben für Fische eine große Bedeutung. Wo es strömt, treibt Nahrung oft mehr oder weniger hilflos im Wasser, und das zieht die Fische an. Vor Brandungsküsten bildet sich ein Bodenstrom, der von der Küste seewärts zieht. In diesem Strom treibt losgespülte Nahrung. Das Angeln knapp hinter der aufsteilenden Brandung, noch dazu im von Gasbläschen getrübten oder schaumbedeckten Wasser, ist immer aussichtsreich. Dort beißen die Fische sogar am hellichten Tag im relativ flachen Wasser (Mittelmeerküsten).

Unterwasserberge, Scharkanten von Rinnen, Meerengen und kleine Inseln wirken wie Staudämme gegen das strömende Wasser. An solchen Stellen verstärkt sich die Strömung, es bilden sich Verwirbelungen (manchmal an der Oberfläche sichtbar) und Neerströme. Solche Bereiche locken die Fische, zumal dort meistens auch Pflanzen wachsen. Da unsere Flossenträger mit ihren Kräften gut haushalten, stehen sie an diesen Stellen nie im harten Strom, sondern immer am Rande. So schwimmen sie bei Wracken oder Klippen stets im Stromschatten (Neerstrom), in Meerengen und Rinnen stets am Rande der Hauptströmung, also an den Hängen.

Genaue Seekarten geben gute Auskunft über solche Verhältnisse. Zwar sind Strömungen nur selten eingezeichnet, aber aus dem Verlauf der Tiefenlinien läßt sich gut auf den Verlauf der Strömungen schließen. Eine besondere Bedeutung kommt dabei der Tide zu, die vor allem in der Nordsee so stark läuft, daß sie beim Angeln unbedingt berücksichtigt werden sollte. Hier gilt: Küstennah beißt es nur bei auflaufendem Wasser, küstenfern nur im Tidenstrom, nicht während der Stromwechselzeiten. In Ostsee und Mittelmeer gibt es zwar nicht die gewaltigen Tidenströmungen der Nordsee, aber auch hier bewegt sich das Wasser im Gezeitenrhythmus und erzeugt wechselnde Strömungen, die besonders im Bereich von Schwellen und Landengen wirksam werden. An solchen Stellen – dazu gehören in der Ostsee z. B. die Belte und die Adlergrundschwelle südwestlich Bornholm – finden sich vermehrt Fische.

Echolote sind neben Seekarten ein zweites „Sesam-öffne-dich" zu den guten Fischgründen. Nicht nur Tiefe und Bodenstruktur, sondern auch Fischschwärme oder große Einzelfische lassen sich auf den Bildschirmen guter Geräte erkennen. Wer Seekarten lesen und mit dem Echolot gut umgehen kann, hat seine Fische schon zur Hälfte gefangen.

Besonders in den unermeßlichen Weiten der hohen See leistet ein Echolot beste Dienste, um große Fischschwärme aufzuspüren. In der Ostsee sind dies die großen Heringsschwärme, aus denen ohne große Mühe mit dem Heringspaternoster ein paar Dutzend Fische für die Bordküche geangelt werden können. In der Nordsee sind es in den Sommermonaten die Makrelen, die meist in halber Wassertiefe herumziehen und mit dem Makrelenpaternoster beangelt werden. Und im Mittelmeer sind es zumeist Sardinen, um die sich die Raubfische scharen: Makrelen, Blaufische und kleine Thunfische.

Mit dem Echolot erkennt man auch Sprungschichten im Wasser. Diesen Schichtlinien, die sich in windarmen Zeiten an der Grenze unterschiedlichen Salzgehaltes (westliche Ostsee) oder unterschiedlicher Temperatur (westliches Mittelmeer) bilden, kommt anglerisch eine große Bedeutung zu. Denn entlang der Sprungschichten sammelt sich häufig eine Unmenge von Plankton, weil dort seine tag-nacht-abhängigen Vertikalwanderungen unterbrochen werden. So entstehen entlang der Schichtungslinien wahre Freßpfründe für Kleinfische. Und die locken wiederum die großen, angelbaren Fische an.

Möwen sind die Freunde der Fischer, denn sie weisen ihnen den Weg: Wo viele Seevögel sind, da sind auch Fische. Wo Möwen sich sammeln und unaufhörlich ins Wasser stürzen, haben Raubfische die Schwärme der Kleinfische eingekreist und an die Oberfläche gescheucht. In der Ostsee sind meistens junge Heringe oder Sprotten die Gejagten und Hornhechte die Räuber, in der Nordsee fressen Makrelen die Jungheringe. Im Mittelmeer sind fast immer Sardinen die Opfer, aber erst beim Angeln läßt sich identifizieren, wer sie jagt: Es können Makrelen oder Hornhechte, aber auch die begehrten Blaufische, Stachelmakrelen oder Thunfische sein.

Größere Ansammlungen von ruhenden Möwen sind ein sicheres Indiz dafür, daß sich Fische in der Nähe aufhalten. Die Seevögel warten nur darauf, daß einer vom „Ausguck" ganz oben am Himmel jene Fische erspäht, die vielleicht kurz zuvor an der Oberfläche waren und bald wieder auftauchen werden. Also: Angel bereithalten.

Vorzeichen, die beim Angeln auf See Gutes verheißen, sind weitere Hilfen beim Fischfang: steigendes Wasser; steigender oder gleichbleibender Luftdruck; sichtiges Wasser, insbesondere nach heftigen Stürmen; nachlassender Wind, Dämmerungszeiten; vor allem der Morgen nach mondlosen Nächten.

Als schlechte Vorzeichen gelten: aufkommender Sturm; fallender Druck; ablaufendes Wasser; trübes Wasser; Tagesmitte (außer für Schwarmfische der hohen See); Delphine, Tümmler, Seehunde und Dornhaie in Rudeln. Wo diese Fischjäger auftauchen, flieht und versteckt sich alles, was Schuppen trägt. Wo Dornhaie einen ganzen Tag „gehaust" haben, ist für viele Tage kein Fisch mehr zu finden.

Nordsee

Die flache, gut durchlüftete und durchströmte Nordsee gilt als Kinderstube unserer Atlantikfische. Hier ist die Fischdichte im Schnitt weitaus größer als in der Ostsee. Die Fische leben jedoch küstenfern; wirklich gute Fänge sind erst jenseits der 30-sm-Küstenlinie möglich.

Küstennah fängt man im Sommer aber immerhin Plattfische, im Nordabschnitt vor Jütland, wo die grauen Wasser des Wattenmeeres fehlen, kommen auch die Makrelen und Hornhechte näher ans Ufer. Also nicht verzagen!

Ausführlicher besprochen werden im folgenden die holländische, deutsche und dänische Küste; die britische Ost- und die norwegische Südküste werden dagegen nur gestreift.

Südteil

Vor der holländischen Festlandsküste wird im Abstand von etwa 10 sm von Mai bis August eine intensive Makrelenangelei betrieben. Geangelt wird im trüben Wasser vom verankerten Boot mit dem Makrelenpaternoster. Man achte auf die Standorte der großen Angelkutter, die täglich vor der Küste zu finden sind.

Die seewärtigen Ausläufe der Gatts zwischen den holländischen Inseln sind zur Zeit des Ebbstromes, wenn viel Losgespültes aus dem Wattenmeer in die offene See treibt, ein Sammelplatz für Plattfische und Makrelen. In den Gatts der Insel Texel werden vereinzelt sogar Hundshaie gefangen.

In der Deutschen Bucht liegen die Verhältnisse ähnlich wie vor Holland: Die Gatts zwischen den Ost- und Nordfriesischen Inseln sind Sammelplätze der Plattfische und Makrelen, im Mai/Juni kommen auch noch die Hornhechte hinzu. Im Bereich der Weser- und Elbmündung ist das Angeln weniger erfolgversprechend. Eine Sonderstellung nimmt die Insel Sylt ein: In den Gatts vor der Nord- und Südspitze stehen bei Flut an schönen, ruhigen Tagen im Juni/Juli oft dichtgedrängt Makrelen und Hornhechte, manchmal nur wenige Steinwürfe vom Ufer entfernt. Gute

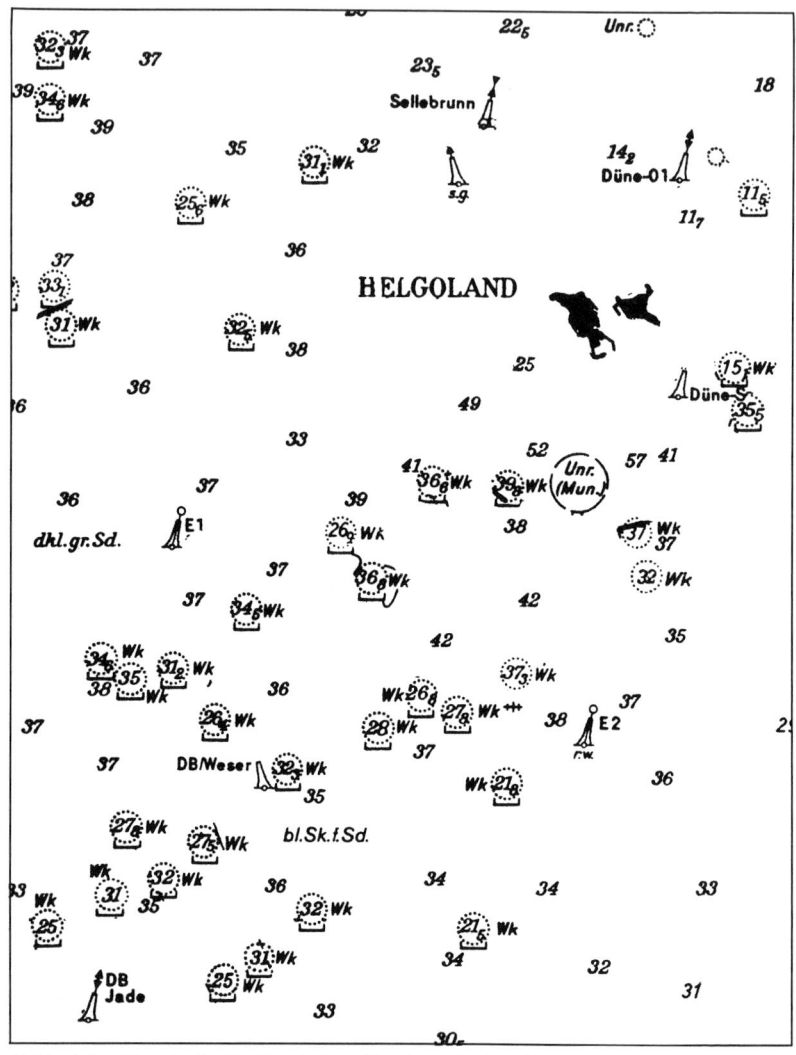

Zahlreiche Wracke in der Deutschen Bucht zwischen Borkum und Helgoland sind ausgezeichnete Dorschangelplätze.

Dorschangelplätze findet man bei allen Wracken in der Deutschen Bucht. Helgoland war früher das Mekka der deutschen Hochseeangler. Seit der gesamte Felssockel zum Naturschutzgebiet erklärt worden ist, kann erfolgreiche Angelei nur noch in der schmalen Nordwestpassage zwischen Insel und Düne betrieben werden. Vom südlichen Ende der Nordreede bis hinauf zu den Tonnen Nathurn2 und N2 erstreckt sich ein teils felsiges, mit meterhohen Tangen bestandenes Gebiet mit ausgezeichneten Dorschfangmöglichkeiten. Man richte sich auf zahlreiche Hänger ein; so mancher Pilker wird dort verlorengehen. Die besten Angelmonate sind hier Mai und Juni.

Östlich der Düne, etwa im Gebiet 54°12'N, 7°56'E liegen die traditionellen Hundshaiangelplätze. Man spüre die Vertiefungen in den langen Rinnen auf und angle dort vom verankerten Boot am Grund mit halbierten Makrelen.

Nördlich der Düne auf der Linie zwischen den Tonnen Sellebrunn/W und Düne/N stehen von Ende Mai bis spät in den August die Makrelen; sie werden mit dem Paternoster gefangen.

Für die gesamte Deutsche Bucht gilt im Sommer: Man achte auf die zahlreichen Angelkutter zwischen Borkum und Sylt. Wo Schiffe sind, wird auf Makrelen geangelt.

Nordteil

Das Gradyb vor Esbjerg verspricht an manchen Tagen gute Makrelenangelei. Sogar Meerforellen gehen hier hin und wieder an die Haken.

Alle strömungsreichen Ausläufe der jütländischen Binnengewässer in die Nordsee ziehen im Sommer Kleinfische und damit Hornhechte und Makrelen an. Die drei beachtenswerten Plätze, an denen namentlich während des Ebbstromes nur knapp eine halbe Meile vor den Ausläufen gehäuft Fische stehen, sind: Hvide Sande (Auslauf des Ringköbing Fjordes), Torsminde (Auslauf des Nissum Fjordes), Thyborön (Auslauf des Limfjordes). In diesen Bereichen angelt man treibend mit dem Makrelenpaternoster oder ankernd auf dem Grund nach Plattfischen.

Echtes Hochseeangeln der Extraklasse kann man entlang der 40-m-Tiefenlinie zwischen Hanstholm und Hvide Sande vor der nördlichen jütländischen Küste erleben. Das Gebiet, auch „Gules Rev" (Gelbes Riff) genannt, ist abschnittsweise bei Anglern berühmt wegen des Vorkommens von großen Dorschen, Köhlern, Plattfischen und vielen anderen Nordseefischen, die alle mit dem Pilker, Gummimark-Paternoster (Köhler) oder dem Bleischlitten und Naturködern auf dem Grund gefangen werden. Auch dort achte man auf Angelkutter, die hauptsächlich querab Hirtshals operieren.

Wer um Skagen kreuzt, sollte unbedingt zwischen Höjen und der Landspitze nördlich der Küste im 20 bis 25 m tiefen Wasser das Pilken nach Dorschen versuchen.

Nicht unerwähnt sollte bleiben, daß jeder Skipper, der die Nordsee im Mittelabschnitt Richtung England/Schottland kreuzt, stets über tadellosen Fischgründen liegt. Namentlich die nähere Umgebung von Bohrinseln zieht Fische magisch an.

Britische Ostküste

Die sommerliche Küstenangelei vor der britischen Ostküste ist von Juni bis August geprägt vom Paternosterangeln auf Makrelen und vom Grundangeln auf Plattfische. Vor der Küste Schottlands nehmen die Fänge nordwärts zu. Dort fängt man küstennah auch Dorsche, vor allem aber Schellfische, oft in großen Mengen (an der Grundangel mit Naturködern). Angelkutter, die den Weg zu guten Fischgründen weisen, findet man vor allem vor Hartlepool und Bridlington an der englischen und vor Stonehaven (südlich Aberdeen) vor der schottischen Ostküste.

Norwegen, Südküste

Norwegens Küsten gelten bei Meeresanglern als europäisches Dorado. Allerdings zählt die Südküste dabei zu den weniger attraktiven Bereichen. Die Angelei ist jedoch aus der Sicht des Kombüsenchefs allemal erstklassig, denn ein paar verwertbare Fische erwischt man auch dort immer. Es wird vor der Küste in 30 bis 50 m Tiefe gepilkt (Dorsche,

Köhler) oder zwischen den Schären mit der Paternosterangel und Gummimark-Ködern auf Schwarm-Köhler (½ bis 1 kg) geangelt. Auch das Schleppen mit dem Bleischlitten und Naturködern bringt gute Fische an den Haken, ebenso die Paternosterangelei auf Makrelen vor der Küste.

Ostsee

Im Kattegat findet man noch alle Fische der Nordsee, doch in der Ostsee verringert sich der Artenreichtum rapide. Die dänischen Inseln schotten die Ostsee zur Nordsee ab, so daß schon in den Sunden und Belten der Salzgehalt des Wassers niedriger wird; er nimmt nach Osten hin immer weiter ab. Das hat zur Folge, daß es jenseits der Linie Stockholm/Helsinki kaum noch Dorsche gibt, und vor der südfinnischen Küste leben nur noch sehr wenige Seefischarten (Flunder, Steinbutt, Hering, Sprotten). Statt dessen dringen Süßwasserfische (Hechte, Barsche, Weißfische) in die Buchten und Wieken vor. Dieses Phänomen beginnt schon vor der mecklenburg-Vorpommerischen Küste und nimmt in den Schärengärten Schwedens und Finnlands zu. Die Dorsche der westlichen und mittleren Ostsee bilden lokale Rassen, die nicht in die Nordsee wandern.

Aber nicht verzagen! Der im Vergleich zur Nordsee geringere Artenreichtum wird in der Ostsee durch große Individuenzahl bei Heringen, Wittlingen, Plattfischen und Dorschen wettgemacht. Die Ostseeangelei steht bei den Sportfischern hoch im Kurs.

Kattegat

Dieses Gebiet ist gespickt mit Rinnen, Senken und Bänken, voller Stein- und Bewuchsfelder, ein richtiger Fischgarten. Es ist anglerisch ein ergiebiges Gebiet, denn auch küstennah finden sich unendlich viele ertragreiche Angelareale. Wer das Kattegat kreuzt, wird auf den nachfolgend beschriebenen „Hot spots" mit Sicherheit gute Fänge einbringen.

Nördlicher Abschnitt

Bei Skagens Rev, östlich und südöstlich im Neerstrom und Landschatten, sammeln sich im Sommer riesige Kleinfischschwärme. Das lockt die Makrelen und Hornhechte, die man beim Schleppen oder mit dem Paternoster beim Driften fängt. Sogar Heringshaie und Thunfische sind hier schon zentnerschwer gefangen worden. Auch Dornhaie kommen zuweilen in großen Rudeln vor.

Die Ålbäk Bucht gilt insgesamt in 12 bis 20 m Tiefe als guter Dorsch- und Plattfischangelplatz.

Herthas Flak (57°38′N, 10°53′E) ist ein sehr guter Angelplatz (Dorsche, Makrelen, Köhler, Dornhaie u. a.). Man beachte in der Umgebung des Flaks die vielen Wracke, bei denen mit Sicherheit gute Fische stehen.

Die Limfjord Barre ist immer gut für Plattfischfänge vom verankerten Boot.

Der Flunder Grund (57°18′N, 11°15′E) südöstlich Läsö gilt als guter Angelplatz unterhalb der 10-m-Tiefenlinie.

Auf der schwedischen Seite bietet der Fladengrund (57°13′N, 11°47′E)

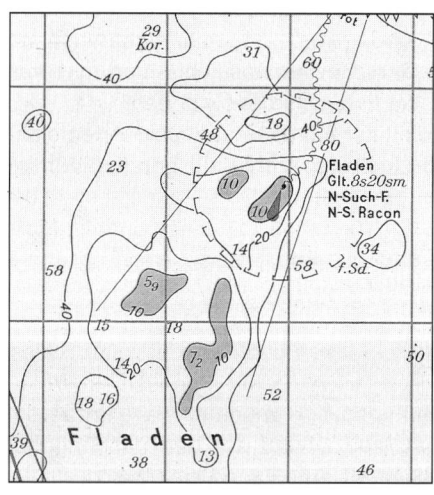

Der Fladengrund (Karte 62, 1:300 000) ist das wichtigste und ergiebigste Angelgebiet vor der schwedischen Westküste; im Mai einziger sicherer Fangplatz für Katfische.

ganzjährig ausgezeichnetes Angeln (Dorsch, Hering, Köhler, Plattfisch). Er ist der vielleicht beste europäische Angelplatz für die in der Küche so hochgeschätzten Katfische, die sich hier im Mai versammeln.
Lilla Middelgrund (56°57'N, 11°55'E) ist ebenfalls ein guter Angelplatz, den man beim Kreuzen nicht außer acht lassen sollte.

Südlicher Abschnitt

Das Österrev (56°45'N, 11°50'E) vor der Insel Anholt ist ein ausgezeichnetes Angelgebiet für alle Fische des Kattegats. Auf der nördlichen Riffseite fällt das Wasser von 6 auf 72 m Tiefe, südlich vom Riff auf 26 m. Man läßt sich aus den Tiefwasserbereichen über das Riff treiben.
Die Wracke der Gjerrid-Bucht nördlich von Grenå/Jütland, etwa 3 bis 4 sm vor der Küste, sollten gesucht werden. Dort stehen meistens große Dorsche.
Stora Middelgrund (56°37'N, 12°5'E) ist ein guter Angelplatz für Plattfische, Makrelen und Dorsche.
Lysegrund und Hesselö (um 56°15'N, 11°45'E) sind gute Plattfisch- und Dorschangelgebiete.
Schultz's-Grund (56°10'N, 11°12'E) bietet im Süden, wo der Boden auf über 40 m abfällt, gute Angelplätze (Dorsch, auch Köhler).
Das Hjelm Dyb (56°7'N, 10°45'E) sollte an den Scharkanten immer mit dem Pilker abgesucht werden (Dorsche, Köhler u. a).
Sletterhage, südlich der Halbinsel Helgenäs (56°5'N, 10°31'E), ist ein zerklüftetes, reich mit Pflanzen bestandenes Gebiet, das zeitweilig sehr guten Dorschbestand aufweist; man achte auf Angelkutter, die von Ebeltoft aus operieren.
Im Gebiet der kleinen Insel Vejrö (55°57'N, 10°45'E) findet man gute Plattfische, zeitweilig auch Makrelen und Hornhechte.

Dänische Inselwelt

In allen küstennahen Bereichen, vor allem in der Nähe von Süßwassereinläufen und über steinigem Grund (oft vor Steilabbrüchen der Ufer), fängt man beim Schleppen Meerforellen. Die Fische werden in Millionenstückzahlen jährlich ausgesetzt. Man achte auf schleppende Angler in kleinen Booten.

Im folgenden sind herausragende, sichere Angelplätze, in der Regel für Dorsche, aufgeführt.

Großer Belt

1 sm südlich der Insel Sprongö (55°18′N, 11°E) liegt ein guter Fangplatz für Dorsche.

Der Langelands Belt entlang dem Ostufer der Insel Langeland gilt als einer der besten Dorschangelplätze, vor allem südlich Spodsbjerg bis Bagenkop entlang der 20-m-Tiefenlinie.

Kleiner Belt

Das gesamte Gebiet der Enge Snävringen bei Middelfart ist gut beangelbar. Man achte auf Angelkutter. Herausragende Plätze finden sich westlich der Eisenbahnbrücke und nördlich der Insel Fänö, etwa bei 55°31′N, 9°40′E, sowie nördlich von Strib Odde (55°33′N, 9°45′E). Insel Helsnäs/ Lillegrund (55°5′4″N, 9°55′E), Vordrups Flak westlich der Insel Ärö (54°50′N, 10°15′E) und Breitgrund südlich der Insel Als (54°50′N, 10°5′E) sind weitere gute Plätze. Auf dem Breitgrund liegen häufig Angelkutter aus Kappeln. Auf all diesen Beltplätzen wird gepilkt, und dabei werden Dorsche gefangen.

Falster/Seeland

Die Brückenbereiche im Storström sowie das gesamte westlich gelegene flache Smålandsfarvandet sind gute Plattfisch- und Aalangelplätze.

Öresund

Im Gebiet zwischen Helsingborg und Helsingör kann man im Winter alljährlich die größte Ansammlung von Angelkuttern in Europa sehen. Mehr als 100 Boote mit Tausenden von Anglern fangen dort Großdorsche bis zu 30 kg Stückgewicht. Aber auch im Sommer ist dieses Gebiet ein Topangelplatz für Dorsche und andere Fische, ebenso wie die Gewässer knapp östlich der Insel Ven. Oft läuft hier ein sehr harter Strom, und man benötigt beim Driftangeln zeitweilig Pilker im Gewicht von 400 g, in der Regel aber 200 g.

Kriegers Flak (55°N, 13°E) am Südausgang des Öresundes ist bekannt für große Sommerdorsche.

Deutsche Ostseeküste (von West nach Ost)

Sommers wie winters wird vor der deutschen Ostseeküste in erster Linie mit dem Pilker geangelt und dabei Dorsch erbeutet. Mit Naturködern am Bleischlitten wird zusätzlich das Grundangeln ausgeübt; gefangen werden Dorsche, aber auch Plattfische, Wittlinge und andere Fische. Im Frühjahr kommen ufernah noch Hornhechte, in Förden und Buchten große Mengen von Heringen hinzu. Wo Heringe sind, werden beim Schleppangeln (s. S. 97 ff.) Meerforellen und Lachse gefangen. Auf hoher See lassen sich Heringe ganzjährig mit dem Heringspaternoster fangen. Bei Greifswald und Stralsund wird in ausgesüßten Buchten und Bodden auf Barsch und Hecht geangelt. Die bekanntesten Angelplätze sind:

Mittelgrund (Eckernförder Bucht, 54°31'N, 10°5'E), Ostteil. Hier gibt es zeitweilig Dorsche.

Stoller Grund (Kieler Bucht, 54°, 31'N, 10°11'E). Nördlich und südlich der Bank, vor allem in der Stollergrundrinne, kommen zeitweilig Dorsche vor, auch Plattfische; im Frühjahr Hornhechte.

Kieler Bucht. Bei Tonne KO 4 nordwestlich Fehmarn im Bereich von 54°32'N, 10°55'E stehen immer Dorsche. Man achte auf Angelkutter, die bis Tonne KO 5 operieren.

Kieler Bucht, Tonnenlinie H5 bis H7 (um 54°31'N, 10°45'E). Ausweich-angelplatz der Dorschangler von Tonne KO 4 bis KO 5.

Flüggesand, westlich Fehmarn (54°27'N, 10°55'5"E). Im Mai/Juni sammeln sich hier Hornhechte.

Orther Bucht, südlich Fehmarn. Nachts guter Aalangelplatz! Sehr flach!

Fehmarnsundbrücke. Im Brückenbereich gibt es am Stromrand Dorsche.

Fehmarn, Nordküste. Entlang der 5- bis 10-m-Tiefenlinie angelt man abends verankert auf Plattfische.

Fehmarn, Südküste. Vor Burgstaaken sammeln sich im Mai/Juni die Hornhechte. Man angelt hier auch Plattfische.

Fehmarn, Staberhuk (Südostspitze). Vom Huk bis 3 sm weiter östlich erstreckt sich ein zeitweilig guter Dorsch- und Wittlingsangelplatz.

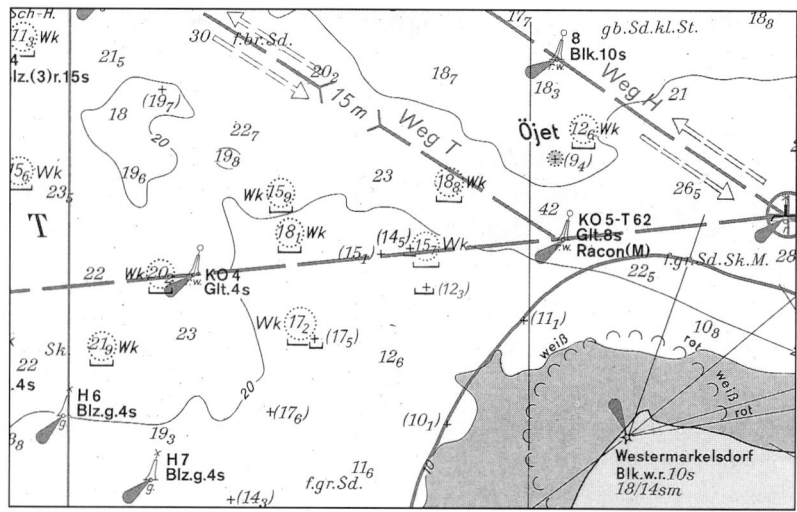

Angelgebiet Fehmarnbelt (Karte 64, 1:300 000). An der 20-m-Linie zwischen Tonne KO 4 und KO 5 liegt einer der besten Dorschangelplätze nordwestlich Fehmarns.

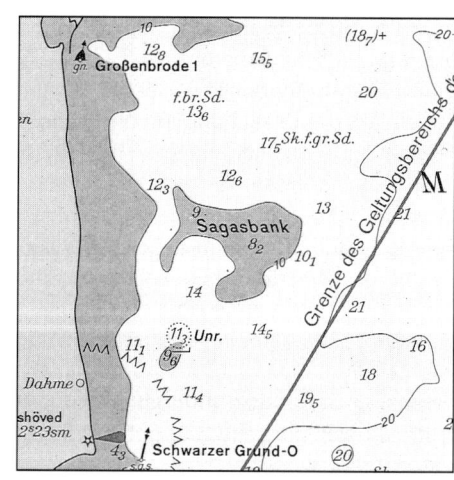

Sagasbank (Karte 64, 1:300 000).
Sie gilt als guter Dorschfangplatz.

Dahme, Nordost. Die Sagasbank (54°15′N, 11°10′E) ist ein sicherer, wenn auch nicht immer ergiebiger Dorschangelplatz.

Neustädter Bucht. Entlang der 15- bis 20-m-Tiefenlinie findet man zeitweilig, vor allem abends und frühmorgens, Dorsche.

Darßer Schwelle/Gedser Riff (Kadetrinne). Im Bereich der dänischen Hoheitsgewässer und des Hauptschiffahrtsweges liegen gute Dorschangelplätze. Zeitweilig sehr gute Dorschangelplätze findet man knapp eine Meile querab Rerik – Kühlungsborn (Trollergrund), knapp eine Meile nordwestlich Hiddensee über 12 m Wasser und nur eine halbe Meile östlich Leuchtfeuer Arkona/Rügen.

Boddengewässer. Der Grabow südlich Zingst ist ein gutes Barschangelrevier. Im Strelasund, vor allem im Bereich Kubitzer Bodden, werden über krautreichen Abschnitten große Hechte und gute Barsche gefangen. Man angelt mit totem Köderfisch am Kniehaken. Im Greifswalder Bodden liegen hervorragende Angelabschnitte (Hecht, Barsch, Zander, auch Flundern) in den krautigen Abschnitten östlich der Insel Zudar und knapp nördlich unter der Insel Koos. Im Mittel- und Ostbereich suche man Bereiche mit Steinen. Hervorzuheben sind: Großstubber (54°15′N, 13°37′E); Böttchergrund (54°14′N, 13°41′E); Schumachergrund (54°13′N, 13°41′E). Unter den inneren Bodden Rügens zählt der Große Jasmunder Bodden zu den fischreichsten, besonders an der Scharkante zwischen der Fahrrinne und dem Flachwasser. In allen diesen Gebieten wird mit totem Köderfisch am Gleitfloß ankernd auf Hecht und Barsch, mit dem Bleischlitten und Wurmköder treibend auf Flundern geangelt. Verwendet man beim Driften mit dem Bleischlitten anstelle des Wurmköders ein totes Köderfischchen, das, an einem Einzelhaken durchs Maul geködert, schwänzelnd knapp über den Grund gezogen wird, dann kann man in diesen Gebieten zusätzlich auf schöne Zander hoffen.

Südliche Ostsee

Südwestlich von Bornholm liegen die große Rönne Bank mit dem daran anschließenden Adlergund – zwei hervorragende Angelplätze für Dorsch und Plattfisch. Die flache Süd-, aber auch die steil bis auf über 80 m

Wassertiefe abfallende Nordküste der Insel sind berühmt für einen guten Meerforellen- und Lachsbestand, den man schleppend beangelt. Das gilt auch für die Hanö-Bucht zwischen Simrishamn und Karlskrona vor der schwedischen Südküste.

Die Stolpebank (55°N, 16°40'E) vor der polnischen Küste ist immer für einige Dorsche und Plattfische gut.

Besonders beachten sollte man vor der polnischen Küste alle Flußmündungen. Hier stehen seewärts in etwa $1/2$ bis 1 sm Abstand gute Meerforellen. Man beachte: Parsetamündung bei Kolobrzeg (Kolberg), die Regamündung bei Mrzezyno, die Wieprzamündung bei Darlowo (Rügenwalde) und die Slupiamündung bei Ustka (Stolpmünde). Man fischt mit der Schleppangel, vor allem in den Abendstunden.

Die Mittelbank (südliche und nördliche Ostsee auf der Länge 17°20'E) ist eine echte Fischerbank, auf der auch für einen Sportbooteigner immer noch etwas zu holen ist (Dorsch, Plattfisch, Hering).

Nördliche Ostsee

Ab Gotland muß sich der angelnde Skipper umstellen: Die für Angler ergiebigsten Plätze liegen im Bereich der äußeren Schärengärten der schwedischen und finnischen Küste. Es werden Hechte (sehr große im Mai) und Barsche gefangen. Die Hechte liegen ab Juni lauernd am Rand der äußeren Schären in Blasentangwäldern und machen Jagd auf die Jungheringschwärme. Die Barsche leben im Windschatten der landwärts gerichteten Bereiche der Schären und jagen kleinfingerlange Fischbrut. Beiden Fischarten stellt man mit dem Gleitfloß und der Kniehakenmethode nach. Kleine Barsche beißen auch ungestüm auf den Wurmköder. In den Schlick- und Sandmulden der äußeren Schären findet man nachts im Sommer Flundern und Steinbutte, die vom verankerten Boot auf dem Grund mit Muschel-, Wurm- oder Fischfetzenköder gefangen werden.

Vor den äußeren Schären, insbesondere rund um Klippen und bei Unterwasserbergen, fängt man beim Tiefenschleppen Meerforellen. Dies gilt insbesondere für die Ålandinseln, wo Hunderttausende von Fischen alljährlich künstlich erbrütet und ausgesetzt werden. Auch das Tiefenschleppen ist am erfolgreichsten, wenn es nicht zu hell ist.

Mittelmeer

Im Mittelmeer gibt es zwar einen großen Artenreichtum bei den Fischen, doch die Schwärme sind hier meist klein, so daß sich die Fischerei in dieser Region im Vergleich zur Nord- und Ostsee mit ihren Tausende von Tonnen zählenden Fängen als mühsam erweist. Der Hauptgrund dafür ist im Mangel an weit ausgedehnten, flachen, 100 bis 300 m tiefen Fischerbänken zu suchen. Nur die Adria, die Ägäis und die See vor Tunesien machen eine Ausnahme. Aber auch dort gibt es wieder Einschränkungen: Der Seeboden liegt häufig voller Felsinseln und Steine, die in unseren Breiten übliche Schleppfischerei ist dort nur beschränkt durchzuführen.

Was den Fischern in einer solchen Situation seit alters bleibt, ist der mühsame und aufwendige Fischfang mit Langleinen. Und diese können häufig nur höchstens ein paar Meilen vom Ufer entfernt ausgelegt werden, weil die See alsbald in unergründliche Tiefen, bis auf über 5000 m, abstürzt. Im Schnitt, so wurde ausgerechnet, ist das Mittelmeer 1450 m tief. In solchen Tiefen fehlen das Licht, der Pflanzenwuchs und Nahrung für die Fische. Fazit: Der weitaus größte Teil des Mare Mediterraneum ist fischarm.

Man findet Fische nur bis zu etwa 300 m Tiefe auf dem meist schmalen Sockel vor den felsigen Küsten; mit der Angel sind diese Bereiche bei günstigen Bedingungen bis etwa 120 m beangelbar. Und in der Tiefe zu angeln (möglichst ab 30 m) ist schon notwendig, um an verwertbare Flossenträger heranzukommen, denn die flachen Gebiete sind wegen Überangelung meistens fischleer. Die Neubesiedelung solcher Gebiete erfolgt nur zögernd, denn viele Mittelmeerfische sind ortstreu, bewohnen eng begrenzte Areale, in denen sie sich auskennen und in die sie sich bei Gefahr zurückziehen können. Wo also viel weggefangen worden ist, kann man in der Regel erst nach längerer Zeit, oft erst nach Jahren, wieder mit Fischen rechnen.

Der Mittelmeerskipper sollte aber nicht verzagen, denn alles, was er an den Haken bekommen kann, gehört zu den meist teuer bezahlten Delikatessen – man sehe sich einmal die Preise auf den Fischmärkten des

Südens an! Es gilt, die aussichtsreichsten Angelstellen zu finden. Hier sind die Kriterien:

○ Suche Küstengebiete, die weit von Städten und Fischerorten entfernt sind.

○ Suche steile, wilde, einsame Felsküsten, die nicht von Land aus beangelbar sind.

○ Fische immer auf der dem offenen Meer zugewandten Seite. Dort treibt mehr Nahrung zusammen, steht mehr Fisch.

○ Angele in Bereichen, die in der meisten Zeit des Jahres Wind und Brandung ausgesetzt sind. Solche Gebiete werden von kleineren Küstenfischerbooten viel seltener aufgesucht.

○ Suche steil abfallende Wassertiefen – diese Gebiete sind gut für die Handangel, schlecht für Berufsfischer geeignet.

○ Suche in genauen Seekarten die kleinen Unterseeberge (oft bizarr und von vulkanischem Ursprung). Dort stehen immer umherziehende Fischarten.

○ Lege auf der hohen, offenen See immer die Schleppangel aus, denn es gibt oberflächennah überall Sardinen, vor allem auf der Windseite vor den Küsten. Dort wird Plankton, das Futter der Sardinen, zusammengetrieben. Und die Sardinen werden gejagt von Makrelen und Hornhechten. Und wo die sind, da sind große Blaufische und Stachelmakrelen nicht weit. Und die wiederum werden von den Thunfischartigen gejagt. Also: Sardinenschwärme suchen, auf raubende Möwen achten.

Das westliche Mittelmeer gilt als fischreicher. Herausragende Abschnitte sind die Straße von Tunis und von Gibraltar. Im Frühsommer bieten die Mündungsgebiete großer Flüsse, z. B. Ebro bei Tortosa (E), gute Angelmöglichkeiten.

Da Mittelmeerfische zumeist stachelig und bissig (Muränen, Conger, Haie) sind, können Handschuhe an Bord sehr nützlich sein.

Westteil

Gibraltar

In der Straße selbst steht ein starker Strom, der das Angeln auf dem Grund unmöglich macht. Lediglich das Schleppangeln kann durchziehende Thunfischartige an den Haken bringen. Im Stromschatten der spanischen und afrikanischen Seite wird dagegen viel geangelt. Nirgendwo sonst in Europa werden die begehrten Meerbrassen (s. S. 51 ff) in solchen Größen gefangen. Angelnde Skipper sind gern gesehen bei den Mitgliedern der EFSA (European Federation of Sea Anglers) in der britischen Exklave von Gibraltar.

Alboranmeer

Auf den Bänken gibt es eine gute Fischerei. Herausragend: Eine Kette von Bänken zieht sich wie ein unterseeischer Gebirgsrücken bei etwa 35°35'N, 4°W vor der marokkanischen Küste hin: Xauen und Torfino. Man angelt ab 68 m Tiefe. Wichtigster Angelplatz ist das Flachwassergebiet rund um die einsame Insel Alboran (35°30'N, 3°W). Von der bis auf 36 m unter Wasser aufragenden Bank fällt der Meeresboden allseitig bis auf fast 1500 m ab – ein Dorado für das Grundangeln!
Entlang der spanischen Küste gibt es nur wenige gute Plätze. Einer heißt El-Seco-dos-Olivos-Bank (36°30'N, 2°50'W), geringste Tiefe um 70 m. Auf 2°10'W dehnt sich vom Cap de Gata aus eine Bank mit etwa 100 m Tiefe südwärts. Erwähnenswert ist schließlich noch die Alidade Bank vor der algerischen Küste auf 35°45'N und 1°25'W.

Balearenmeer

Entlang der gesamten, flach verlaufenden spanischen Küste zwischen Alicante im Süden und Tarragona im Norden lohnt sich das Schleppen entlang der 100-m-Tiefenlinie. Absoluter Top-Platz für diese Angelei ist die Ebro-Mündung bei Tortosa. Man fängt Blaufische und Stachelmakrelen. Rund um die Baleareninseln verlaufen weitläufige Bänke, die zwar stark befischt, aber anglerisch interessant sind. Statt unmittelbar unter Land zu angeln, suche man besser entferntere Gebiete mit 70 bis 100 m Angeltiefe auf. Selbst in 10 bis 20 sm Entfernung von der Küste sind solche Plätze zu orten. Besonders reizvoll liegt südwestlich von Mallorca die Bank Emile Baudot (30°43′N, 2°30′E) – Traumziel für Abenteuerangler. Man angelt – wie überall im Mittelmeer – mit dem Grundblei und Fischfetzenköder auf dem Grund.

Golf von Lyon

Von Juli bis September gibt es in den weitläufigen, flachen Gewässern des Golfes eine rege Angelei auf Thunfische; man achte auf die Schleppangelei der Sportangler. Geangelt wird im Bereich der 100- bis 400-m-Tiefenlinie. Die Thune jagen Makrelen, Blaufische und Stachelmakrelen, die ihrerseits wieder Jagd auf Sardinen machen. Unter der Küste lohnt sich die Grundangelei an abgeschiedenen Stellen rund um die Hyeres-Inseln östlich Toulon.

Korsika/Sardinien

Die Westküsten beider Inseln sind empfehlenswerte Angelreviere. Man suche die einsamen, unzugänglichen Abschnitte für die Grundangelei unmittelbar vor der Küste auf. Entlang der Schaum- und Trübwassergrenze von Brandungszonen angelt man mit dem Gleitfloß oder der Wasserkugel; auf den Bänken, die namentlich vor Sardinien weit ins Meer hinausreichen, angelt man in 70 bis 100 m Tiefe auf dem Grund nach allen Fischen des Mittelmeeres. Herausragend ist die westliche Einfahrt der Straße von Bonifacio zwischen beiden Inseln. Dort findet man in ca. 15 sm Abstand noch Tiefen von 60 m. Wer auf der hohen See unterwegs ist, achte auf die Sentinelle Bank im Süden Sardiniens (38°N, 9°40′E). Die Galite-Inseln vor der Küste Tunesiens sind ebenfalls gesuchte Angelziele (37°31′N, 8°56′E).

Italien (Festlandsküsten)

Sämtliche Küstenlinien Italiens gelten als total überangelt und überfischt, zum Teil auch durch Einleitungen verdorben. Die Erfolgsaussichten sind gering.

Sizilien

Angeln lohnt sich rund um die Liparischen Inseln im Norden Siziliens. Noch einladender sind die ausgedehnten, flachen Bänke im Westen und vor allem im Süden der Insel. Wie überall im Mittelmeer sind die küstenfernen Bänke weitaus erfolgreicher zu beangeln als die Flachwasserbezirke unmittelbar in Landnähe. Hervorzuheben sind die Bänke in der Straße von Tunis im Südwesten Siziliens. Noch 60 sm vor der Küste findet man Tiefen von nur 10 m (Talbot Bank), 11 m (Adventure Bank) oder 54 m (Graham Bank). Zwischen den Tangen der Felsabschnitte auf diesen Bänken hausen große Meerbrassen, Conger, Muränen, Haie – kurz: die ganze Palette der Mittelmeerfische. Rundherum schwärmen Sardinen und Makrelen, gejagt von den noch größeren thunfischartigen Räubern. Hier lohnen sich das Grundangeln wie auch das Schleppen.

Die Straße von Messina, seit alters im Hochsommer Schauplatz der Netzfischerei auf durchziehende Thunfische, ist in Teilen fischereiliches Sperrgebiet. Angeln und Schleppen sind jenseits dieser Sperrzonen, soweit sie für Angler gelten (Auskünfte bei den Hafenkapitänen), vor allem im Südeingang der Straße sinnvoll. Zeitweilig herrschen hier sehr harte Strömungen.

Wer angelt am Challenger peak?

Den Namen hat der Autor erfunden, aber die vulkanische, bis auf 70 m unter dem Meeresspiegel emporragende Nadelspitze, umgeben von bis zu 2000 m tiefem Wasser, gibt es wirklich. Sie liegt 50 sm nördlich der Liparischen Inseln auf 39°29'N, 14°50'E. Ein Vulkan unter Wasser, voller Spalten, Höhlen und – Fischen! Skipper: Kommst du hierher, nimm mich in Gedanken mit; auf diesem Platz hab' ich im Traum schon die tollsten Fische gefangen!

Malta

Nur die Pelagischen Inseln im Südwesten Maltas versprechen anglerische Erfolge; Maltas Küste dagegen ist „ausgeangelt".

Adria

Der Nordabschnitt mit den Dalmatinischen Inseln, ein wunderschönes Revier, ist zwar stark überfischt, aber abseits zwischen den unbewohnten äußeren Inseln und Klippen lassen sich immer noch ein paar Flossenträger erbeuten. Da im Juli/August Thunfische die Adria durchziehen, sollte man stets eine Schleppangel führen.

Ionische Inseln

Die Straße von Otranto ist im Juli/August Wanderstraße der Thune; wer das Gebiet kreuzt, sollte die Schleppangel auslegen. Die Ionischen Inseln sind in allen Bereichen stark überfischt; man suche Nischen an einsamen, unzugänglichen Gestaden, vor allem bei den südlichen Inseln.

Ostteil

Ägäis

Das flache Meer mit Sand-, Schlick- und Gesteinsflächen, voller Untiefen, Inseln und Klippen muß in alten Zeiten ein fischereiliches Dorado gewesen sein, fast zu vergleichen mit Nord- und Ostsee. Überfischung, Verschmutzung und Dynamitgebrauch haben den Fischbestand aber stark dezimiert. Wer etwas für die Bordküche erwischen will, ist gut beraten, fernab der bewohnten Inseln und kleinen Fischerdörfer über Untiefen oder vor den Klippen unbewohnter Eilande zu angeln. Alle Seegebiete, die einige Motorbootstunden vom nächsten Fischereihafen entfernt liegen, kommen für das Angeln in Betracht. Man angelt in den felsigen Unterwasserregionen mit dem Grundblei auf die ganze bunte Palette der Mittelmeerfische, auf Sand- und Schlickgrund (in der Nähe von Bewuchsfeldern!) auf Plattfische. Auch das Schleppen auf Makrelen und Thunartige bringt Fische; Paternosterangeln auf Makrelen ist im Bereich raubender Möwen oder stark strömender Bereiche von Meerengen ratsam. In den Häfen kann man fast überall auf Meeräschen hoffen. Dardanellen und Bosporus sind zwei Meerengen, die bei Anglern einen guten Klang haben. Im zeitweilig sehr harten Strom dieser Meerengen ziehen Thunfische und Makrelen, am Boden lauern Haie. Die Angelsaison beginnt im Juni und reicht bis in den Oktober. In beiden Gebieten bestehen strenge Vorschriften für das Angeln, man erkundige sich stets bei den Behörden.

Türkische Südküste
Sieht man vom Alexandrette-Golf im Osten einmal ab, dann zeigt sich an der gesamten Küstenlinie dasselbe Bild: Rasch auf 1000 bis 2000 m abfallende Unterwasserbereiche schränken die Angelgebiete stark ein; was bleibt, ist hoffnungslos überfischt. Diese Aussage muß man leider auch für die Küsten des Libanon und Ägyptens machen. Auch die Gewässer um Zypern sind stark ausgefischt. Das Nildelta ist seit dem Bau des Assuan-Staudammes fischereilich verarmt.

Thunfische sind im August und September Beute der Mittelmeerangler, so wie dieser von der dalmatinischen Küste (Adria).

Saison-Übersicht

Ostsee

April	Heringe in Förden, Häfen und Buchten.
April – Oktober	Dorsche, Heringe, Wittlinge in der offenen See.
Mai – Juni	Hornhechte: küstennah.
Mai – Oktober	Plattfische: küstennah, bis in die Häfen.

Nordsee

April – September ..	Große Fische, wildes Angeln weit draußen an der 40-m-Tiefenlinie. Deutsche Bucht: Dorsche nur bei Helgoland und an den Wracken. Plattfische vor Barren, Bänken und in Häfen der friesischen Inseln.
Juni – August	Riesige Makrelenschwärme, meist jenseits der 20-sm-Zone; im Juli/August auch küstennäher.
Mai – Juni	Hornhechte: küstennah.

Mittelmeer

April – November ...	Grundfische überall an den Küsten.
Juni – September ...	Raubfische, auch Makrelen: küstennah und an der Oberfläche.
August	Thunfischangelei: küstennah.

Fische

Verwendete Länderkürzel: DK = Dänemark; E = Spanien; F = Frankreich; GB = Großbritannien; HE = Griechenland; I = Italien; N = Norwegen; NL = Holland; S = Schweden; SF = Finnland; SK = Serbo-Kroatisch; TU = Türkei.

Rund 1200 Fischarten wurden bisher vor Europas Küsten gefunden. Aber davon schwimmen nur 22 angelbare Arten in deutschen Küstengewässern. Nur diese und ein paar weitere im Mittelmeerraum fangbare Arten werden nachfolgend kurz beschrieben. Über die so nicht identifizierbaren Fische finden sich mit Sicherheit Hinweise in der weiterführenden Literatur (s. Literaturverzeichnis S. 150).

Aal (Anguilla anguilla)

DK = aal; E = anguila; GB = eel; HE = chéli; I = anguilla; N = aal; NL = aal; S = al; SF = ankerias; SK = jegulja; TU = Yilan.
Länge bis 100 cm, Mindestmaß in D = 35 cm, überall vorkommend, sowohl im Salz- als auch im Brack- und Süßwasser. Sommerfisch. Fang mit stilliegendem Naturköder (Würmer, Muscheln) in Häfen, Lagunen, Uferzonen. Von Sonnenuntergang bis Mitternacht ist Beißzeit. Man klemmt eine Aalglocke an die Spitze der an der Reling stehenden Rute und stoppt den Schnurauslauf. Wenn's bimmelt: einholen! Meistens ist es ein Aal (oder ein Conger, s. dort).

Aalmutter (Zoarces viviparus)

DK = aalekvabbe; GB = eelpout; N = alequabbe; NL = puitaal; S = tanglake; SF = kivinilkka.

Aalmutter.

Bis 50 cm, kommt nicht im Mittelmeerraum vor. Gehört zu den wenigen lebendgebärenden Fischen; bis zu 300 Fischkinder werden im Winter geboren. Lebt in den Flachwasserbereichen der Küstenregionen, auch im Salzwasser der Häfen. Häufiger Beifang beim Aalangeln. Trotz der oft geringen Größe ist der Fisch gut verwertbar. Der Fisch besitzt grüne Gräten.

Barsch (Perca fluviatilis)

DK = aborre; S = aborr; SF = ahven.
Meistens bis zu 30 cm lang, bewohnt dieser Süßwasserfisch auch die schwach salzigen Küsten der Ostsee, so die Bodden und Sunde Mecklenburg-Vorpommerns, den schwedischen und vor allem den finnischen Schärengarten und die Gewässer der Ålandinseln. Vom verankerten Boot kann man Barsche oft zu Dutzenden fangen, denn sie leben stets gesellig zwischen Pflanzen, Steinen, Pfahlbauten, in den Häfen gern in Deckung

Blaufisch.

von Booten und Stegen. Den sehr schmackhaften Fisch fängt man mit Würmern oder kleinfingerlangen toten Köderfischchen am Kniehaken (s. S. 123).

Blaufisch (Pomatomus saltator)

E = anjova; HE = gofari; I = pesce serra; F = tassergal; SK = plitica; TU = lufer.
Wird bis etwa 1 m lang, meistens aber nur 2 kg schwer. Lebt küstennah vor allen Mittelmeerküsten, verrät sich durch springende, fliehende Klein-

fische. Gefangene Fische verderben in der Hitze ähnlich wie Makrelen in wenigen Stunden; rasche Verarbeitung und Kühlung sind daher wichtig. Blaufische werden beim Schleppen mit Jigs oder Blinkern gefangen.

Conger (Conger conger)

DK = havaal; E = congrio; GB = conger eel; HE = mougri; I = tellina; N = havaal; NL = zeepaling; SK = ugor; TU = migri.
Wird bis zu 3 m lang. Mehrere sehr ähnliche Arten leben im Mittelmeer. Die hier beschriebene Art fängt man aber auch vereinzelt vor der englischen und norwegischen Südküste. Alle Congerarten unterscheiden sich vom Aal durch den Ansatz der langen Rückenflosse, die bereits auf der Höhe oder knapp hinter den Brustflossen beginnt (beim Aal viel weiter zurückliegend). Der Küchenwert aller Conger wird geringer eingeschätzt als der des begehrten Aales.
Conger leben küstennah zwischen großen Blöcken und Steinen, sind auch oft in Häfen bei den Liegeplätzen der Fischerboote zu finden. Sie lassen sich abends und nachts durch Anfüttern aus ihren Felsverstecken locken. Man fängt sie wie Aale auf dem Grund, verwendet aber Haken der Größe 3/0 bis 5/0. Bester Köder: eine Sardine oder halbierte Makrele. Nach dem Anbiß muß man unverzüglich aufholen, sonst verkeilt sich der Fisch in den Steinen. Vorsicht! Conger beißen und schnappen auch an Deck nach allem.

Dornhai (Squalus acanthias)

DK = pighaj; E = mielga; GB = spur dog; HE = skylopsaro; I = gattucio; N = piggha; NL = doornhaai; S = pigghaj; SK = psi; TU = kopek baligi.
Wird höchstens 1,2 m lang, bleibt meistens unter 1 m groß. Einziger Hai mit je einem sehr stabilen, spitzen Dorn vor jeder der beiden Rückenflossen, Vorsicht! Häufigster Hai im Mittelmeer, in der Nordsee bis ins Kattegat, fehlt in der Ostsee. Jagt in großen Rudeln Fische bis zur Makrelengröße im Mittelwasser. Wo Dornhaie auftauchen, beißt kein anderer Fisch

Dornhai. Man beachte den Stachel vor der Rückenflosse.

mehr, alles flieht. Dornhaie sind schmackhaft; aus den Bauchlappen entstehen durch Räuchern die „Schillerlocken".

Man fängt die Haie beim Driften oder Ankern mit großen Haken (4/0), bestückt mit frischen, halbierten kleinen Makrelen, Heringen oder Sardinen, aber auch anderen Fischen. Der Köder wird mit einer Haipose oder einem Luftballon in der mittleren Wassertiefe (meist 15 bis 20 m) gehalten.

Dorsch (Gadus morhua)

DK = torsk; GB = cod; N = torsk; NL = kabeljauw; S = torsk; SF = turska.

Große Dorsche (sie können bis zu 1,5 m lang werden) nennen die Fischer Kabeljau. Er ist der wichtigste angelbare und in der Küche hochgeschätzte Fisch in der Nordsee, vor allem aber in der Ostsee. Die dreigeteilte Rückenflosse und der Bartfaden unter dem Kinn unterscheiden den Fisch deutlich von anderen; seine Färbung variiert von sandgrau bis bronzerot – stets der Farbe des jeweiligen Lebensraumes angepaßt. Dorsche meiden Brackwasser, leben küstennah in der kalten und küstenfern in der warmen Jahreszeit. Topangelplätze sind bei uns von Mai bis September der Helgoländer Felssockel, die Wracke in der Deutschen Bucht und die steinigen, bewachsenen Abschnitt vor der Ostseeküste (Breitgrund, Gabelsflach, Sagas Bank, Fahrwasser Fehmarn Nordwest), Küste vor Rerik und Kühlungsborn, knapp nördlich Hiddensee und knapp querab Leuchtfeuer Arkona/Rügen.

Dorsche schwimmen immer in Trupps. Man fängt sie direkt auf dem Grund mit Pilkern oder Naturködern z. B. Wattwürmern (s. „Angelmethoden", S. 89 ff., 126).

Glatthai (Mustelus mustelus)

DK = glathaj; E = musola; F = emissole lisse; GB = smooth hound; HE = galeos; I = palombo liscio; SK = pas cukov; TU = köpek.

Mit dem Hundshai zu verwechseln, hat aber keine Säge- sondern nur pflastersteinartige Zähne, lebt nur am Grund von Muscheln und Krebsen, die er zermalmt – also Vorsicht vor dem Gebiß! Im Gegensatz zum Hundshai ist dieser Hai gut in der Küche zu verwerten, deshalb achte man unbedingt auf das Unterscheidungsmerkmal. Fang: mit dem Muschelsack auf dem Grund, ankernd. Die Haie ziehen witternd küstennah umher und folgen der Duftspur des frischen Köders.

Hecht (Esox lucius)

S = gädda; SF = hauki.

Unser Süßwasserhecht lebt in beträchtlichen Größen und Stückzahlen auch im Brackwasser der Ostsee, vor allem im Strelasund und den Boddengewässern vor der deutschen Ostseeküste sowie in den schwedischen und finnischen Schärengürteln. Mai/Juni/Juli gelten als die besten Fangzeiten.

Der Fisch lauert, versteckt zwischen Pflanzen und Steinen, an Schilfrändern bis 30 m tief auf vorbeiziehende Fische, vor allem Jungheringe. Lieblingsplätze sind große Tangwälder, in den Schären die vom Blasentang. Man fängt ihn mit toten oder lebenden (letztere in Deutschland nicht erlaubt) handlangen Köderfischen. Die Köder werden knapp über den Verstecken, von einer Pose gestoppt, angeboten; dabei driftet oder ankert man. Tote Fischchen werden am Kniehaken angeködert. Nach dem Anbiß muß man dem Hecht etwa eine Minute Zeit zum Schlucken geben und erst dann anschlagen. Guter Küchenfisch, muß geschuppt werden und eine Nacht „abhängen", bevor er zubereitet wird.

Hering (Clupea harengus)

DK = sild; GB = herring; N = sild; NL = haring; S = sill, strömming; SF = silakka.
Heringe leben in großen Schwärmen küstenfern in Nord- und Ostsee, nur von März bis Mai kommen sie an die Küsten und steigen ins Brackwasser der Flüsse zum Laichen auf. Dann kann man sie sogar in der Trave bei Travemünde, in der Schlei bei Kappeln oder im Kieler Hafen, ja sogar im Nord-Ostsee-Kanal fangen. Ansonsten werden die in der Küche hochgeschätzten, leckeren Fische im Mittelwasser küstenfern gefangen, hauptsächlich in der Ostsee. Man benutzt vom treibenden Boot ein Heringspaternoster (s. „Angelmethoden", S. 97, und „Ausrüstung", S. 120). Hin und wieder verraten sich große Heringsschwärme durch Möwenansammlungen, die raubgierig über ihnen kreisen und sich ins Wasser stürzen. Ansonsten muß man die Schwärme suchen, ein Echolot ist dabei die beste Hilfe.

Hornhecht (Belone belone)

DK = hornfisk; E = aguja; F = orphie; GB = garfish; HE = zargána; I = aguglia; N = horngjel; NL = geep; S = horngädda; SF = nokkahauki; SK = iglica; TU = zargana.
Wird bis 90 cm lang. In der Nord- und Ostsee ist der „Mini-Schwertfisch" nur Sommergast, kommt im Mai und verschwindet wieder im Juli; im Mittelmeer ist er überall im Sommer fangbar. Im Frühjahr und Frühsommer bevorzugen Hornhechte die Küstennähe; sie meiden zwar das Brackwasser, jagen aber rastlos vor Häfen und Flußmündungen Kleinfische.

*Hornhecht – Frühjahrsgast in Nord-
und Ostsee von Mai bis Ende Juni.*

Oft verraten panikartig über das Wasser fliehende Kleinfische die Räuber.
Der Fisch muß geschuppt werden, die grünen Gräten sind normal. Ge-
kocht und – wegen der kleinen Gräten – in einen sauren Sud eingelegt, ist
er eine Leckerei.

Man fängt diesen Fisch mit der Posenangel und fingerlangen Fetzenködern, die auf Haken der Größe 1/0 gesteckt und in etwa 1 bis 3 m Tiefe
angeboten werden. Die Pose läßt man vom verankerten Boot weit achteraus treiben, weil die scheuen Fische die Bootsnähe meiden.

Top-Plätze: Alle flachen Buchten der dänischen Inselwelt, die heimischen
Bodden, West- und Südküste Fehmarns, Meerengen im Bereich des aus-
strömenden Wassers, ebenso die Sielausläufe vor der jütländischen
Nordseeküste (Hvide Sande, Torsminde, Thyborön in einer halben Meile
Abstand).

Hundshai (Galeorhinus galeus)

DK = graahaj; E = cazón; F = milandre; GB = tope; HE = galeus drossitis; I = canesca; N = grahai; NL = ruwe haai; SK = pas butor; TU = camgoz baligi.

Dem Glatthai ähnlich, aber mit kräftigem, messerscharfem „Sägezahngebiß" und sehr rauher Haut. Fehlt in der Ostsee, in der Nordsee aber im Sommer 1 sm NNO Helgoland sowie vor den Barren und Rinnen entlang aller Nord- und Ostfriesischen Inseln, vor allem auf dem Borkum Riff, auch vor den holländischen Inseln vorkommend. Im Mittelmeer küstennah in 30 bis 70 m Tiefe in Rinnen und Mulden mit Sand und Schlick. Sucht strömungsreiches Wasser, im Mittelmeer die Engen zwischen Inseln und Klippen. Der Hai ist ungenießbar. Sehr wild an der Angel kämpfend.

Katfisch (Anarhichas lupus)

DK = havkat; GB = catfish; N = steinbit; S = havkatt.

Kann über 1 m lang werden und zählt mit zum Teuersten, was auf den Fischmärkten zu haben ist. Kapitän, kommst du an die schwedische Ostküste, dann kreuze keinen Muschelgrund, ohne beim Driften direkt über dem Grund dein Fangglück für einen Katfisch zu versuchen! Der Fladengrund westlich Varberg/Schweden gilt als der absolute „Hot spot" der Katfischangler. Besonders im Mai beißen die Fische hier wie toll.

Man angelt mit dem Muschelsack (s. „Köder", S.128) schleifend über dem Grund in 20 bis 50 m Tiefe und gibt dem Fisch nach dem Anbiß noch ein bißchen Schnur, damit er schlucken kann. Muscheln müssen es sein! Alle anderen Köder fangen weit weniger Katfische.

Kommt ein Katfisch an Bord, dann: Frauen und Kinder aufs Vordeck! Der zähe Fisch schnappt und beißt nach allem; ein großer Katfisch kann glatt einen Finger abbeißen oder mit seinen Zähnen durch den Schuh tief in den Fußknochen eindringen. Der Fisch muß nachhaltig mit dem Fischtöter betäubt werden, bevor man ihn mit einem Kehlschnitt endgültig tötet. Erst dann darf der Haken gelöst werden.

Katzenhai – wird selten über 100 cm lang.

Katzenhaie (Scyliorhinus spc.)

Man unterscheidet den Kleingefleckten und den Großgefleckten Katzenhai. Besprochen wird hier der häufigere Kleingefleckte Katzenhai (S.
canicula): E = pintarroja; F = petite roussette; GB = lesser spotted
dogfish; HE = skylaki; I = gattuccio; SK = mačka; TU = kedi.
Katzenhaie leben in Rudeln, oft über ein größeres Areal verteilt, in Grundnähe. Beim Naturköderangeln im Mittelmeer auf Bodenfische machen sie
sich dadurch bemerkbar, daß sie die Kunststoffschnüre glatt durchbei-
ßen (wie alle Haie, außer dem Glatthai); ein Stahlvorfach ist, wie bei allen
anderen Haiarten auch, unerläßlich für den Fang. Köder: halbierte Sardinen, Tintenfische, direkt auf dem Grund ausgelegt vom verankerten Boot.
Das Haifleisch ergibt einen guten Köder für den Fang anderer Fische.
In der Küche sind Katzenhaie von geringem Wert; die Verarbeitung ge-
staltet sich wegen der sehr rauhen und zähen Haut schwierig.

Knurrhähne (Triglidae)

Zwei Arten leben bei uns und im Mittelmeer: der Graue und der Rote Knurrhahn. Der Rote (Trigla lucerna) gilt als der wertvollere Küchenfisch und wird deshalb hier beschrieben: DK = knurhane; E = bejel; F = grondin perlon; GB = tube fish, yellow gunnard; HE = kapóni; I = cappone gallinella; N = rödknurre; NL = rode poon; S = fenknot; SK = lastavica prasica; TU = kirlangic.
Knurrhähne bevorzugen sandig-kiesige Abschnitte im Meer von 20 m an abwärts. Sie sind nachts und in der Dämmerung aktiv und werden auf dem Grund mit der Naturköderangel beim Ankern gefangen. Beste Köder sind frische Würmer, Muscheln, Tintenfische, kleine tote Fischchen. Gute Fangmöglichkeiten bestehen, wenn man abends auf der Außenreede vor Anker liegt. Kenner zahlen Höchstpreise für das weiße, feste und wohl-. schmeckende Fleisch.

Köhler (Pollachius virens)

DK = sej; GB = coalfish, saithe; N = sei; NL = koolvis; S = grasej. In Deutschland als Seelachs bekannt.
Schwarmfisch im Mittelwasser; die großen, bis zu 130 cm langen Fische leben bei uns nur in der Nordsee (Gelbes Riff, querab Hirtshals/DK, Norwegens Südküste und schottische Ostküste), die kleineren, ½ bis 1 kg schweren Tiere kommen ab Mai/Juni aus dem Skagerrak ins Kattegat, bevölkern die Belte und das Freiwasser der westlichen Ostsee. Herabstürzende Möwenschwärme verraten oft ihren Weg.
Köhler beißen willig auf kleine Pilker und Gummiaale (Gummimark), die als Paternosterangel unter dem Boot auf- und abtanzend im Mittelwasser bewegt werden. Gezieltes Angeln auf den wertvollen Küchenfisch ist nur an den genannten Küsten möglich. Bei uns werden Köhler zufällig beim Dorschpilken erbeutet; dann allerdings sollte man sofort die erwähnte Gummiaal-Methode probieren.

Lachs (Salmo salar), s. Meerforelle, S. 52

Leng (Molva molva)

DK = lange; GB = ling; N = lange; S = langa. Im westlichen Mittelmeer lebt der **Blauleng** (Molva dipterygia). E = arbitán; F = lingue bleue; I = molva azzura.

Die bis zu 1,8 m langen Lengfische werden meist zufällig beim Dorschpilken in der Nordsee, im Kattegat, manchmal auch in den dänischen Belten gefangen. Im Mittelmeer lebt der Leng jenseits der 200-m-Tiefenlinie meistens unerreichbar für die Angler. Sehr wertvoller, schmackhafter Fisch.

Lippfische (Labridae)

Äußerst bunt gefärbte Fischfamilie, die „Papageien" der Meere, selten schwerer als $\frac{1}{2}$ kg und allesamt wertlos für die Küche. 22 Arten leben vor

Lippfisch

den europäischen Küsten, 17 davon bleiben nur auf das Mittelmeer beschränkt. Lippfische gehen den Mittelmeerskippern oft an die Angel, und sie sollten sogleich schonend wieder zurückgesetzt werden. Hier die Hauptmerkmale zur Unterscheidung von anderen Fischfamilien: Auffällig ist die lange, ungeteilte Rückenflosse, im Vorderteil stachelig, im hinteren Bereich weichstrahlig. Die Lippen (Name!) sind sehr fleischig, oft wulstig vorgewölbt; streift man sie zurück, erkennt man sehr gut entwickelte kaninchenartige Zähne, die zum Zerbeißen und Zermalmen von Muscheln, kleinen Krebschen, Seepocken usw. dienen. Alle Fische sind auffällig geschuppt. Wo allzu viele Lippfische beißen, verläßt der weidgerechte Skipper den Ankerplatz oder beendet das Angeln.

Makrelen (Scombridae)

Man unterscheidet die Atlantische Makrele (Scomber scombrus; DK = makrel; GB = mackerel; N = makrel; NL = makreel; S = makrill) von der Mittelmeermakrele (Scomber japonicus; E = estornino; F = maquereau espagnol; HE = soumbri; I = sgombro; SK = skusa; TU = uskumru). Beide unterscheiden sich wenig; die mediterrane Makrele hat eine Schwimmblase, daher auch der Beiname „Blasenmakrele". Die „Thunfische des kleinen Mannes" jagen den ganzen Sommer oberflächennah Kleinfische und große Plankter und kommen an heißen Tagen ganz nah an die Küsten, meiden aber Brackwasser. Top-Plätze im Juli/August: die gesamte holländische Küste, die Deutsche Bucht jenseits der 20-sm-Küstenlinie, ebenso die jütländische Nordseeküste, Skagens Horn und die schwedische Westküste. Die westliche Ostsee wird von der Makrele nur spärlich bevölkert.

Man sucht Makrelen mit der Schleppangel (2 bis 7 kn). Hat man einen Fisch erwischt, heißt es: stopp! Sofort wird vom treibenden Boot mit dem Makrelenpaternoster weitergeangelt. Die Fische stehen zumeist 6 bis 15 m tief und stürzen sich gierig auf die Köder; oft werden mehrere Fische zugleich gefangen. Meistens geht der vorbeiziehende Schwarm schnell verloren. Bei der erneuten Suche helfen auch raubende, ins Wasser stürzende Möwen und das Echolot als Wegweiser.

Makrelen verderben schnell. In der sommerlichen Hitze zerfällt das Fleisch bereits nach wenigen Stunden. Die Fische müssen deshalb unmittelbar nach dem Fang durch Kehlschnitt getötet und ausgeweidet werden, auch die Kiemen entfernen. Nach gründlichem Spülen mit Seewasser müssen die Fische kühl gelagert und möglichst noch am selben Tag weiterverarbeitet werden. Räuchern ist besonders zu empfehlen.

Dasselbe gilt auch für die Mittelmeermakrele. Top-Plätze finden sich im Mittelmeerraum vor den Mündungen größerer Flüsse, insbesonders dem Delta der Rhône und des Ebros, sowie in den Meerengen.

Meeräschen (Mugilidae)

Sechs Arten leben im Mittelmeer, nur eine und zugleich die bekannteste dringt zögerlich in die Nordsee (NL und Deutsche Bucht) vor: die **Dicklippige Meeräsche** (Mugil labrosus). DK = tyklaebet multe; E = lisa; F = mulet commun; GB = thick-lipped mullet; HE = velánitsa; I = cefalo bosega; NL = diklip harder; SK = skocac putnik; TU = kefal.

Meeräschen sind vorzügliche Speisefische und im Mittelmeer sehr häufig. Man begegnet ihnen vor allem in den Häfen und Flußmündungen, wo sie am hellichten Tage oft oberflächennah nach Planktern schnappen und dabei ruhig umherschwimmen. Die heiklen Fische verschwinden aber bei der geringsten Störung und sind schwer zu fangen, weil sie fast alle Köder verschmähen, denn sie sind gewohnt, nur Planktonfutter aufzunehmen. Nur in der Nähe von Fischerbooten und deren Entladeplätzen in den Häfen haben sich die Fische an Fischabfälle gewöhnt und können mit fingernagelgroßen Fischstückchen erbeutet werden. Auch am Liegeplatz kann man durch geduldiges Anfüttern mit zerriebenem/zerstampftem Sardinenfleisch, das locker unablässig in kleinen Mengen ins Wasser gestreut wird, die Fische anlocken und ans Futter gewöhnen. Wenn man die Fische nach dem Futter schnappen sieht, ist es soweit: Man angelt mit kleinstem Goldhaken, Größe 14, und dünnstem Vorfach (0,20 mm), läßt den Köder ohne Beschwerung und ohne Pose sinken und schlägt beim geringsten Zupfer an. Das gelingt am besten beim Angeln aus der Hand mit der Haspel, ohne Rute und Rolle. Kommen große Fische hinzu (Meeräschen können viele Kilo schwer werden und wehren sich wie die Berserker an der Angel), dann wechselt man zu etwas dickerer Schnur, aber nicht über 0,30 mm – sonst verschwinden die scheuen Fische. Meeräschen sind tagaktiv; abends und nachts kann man sie jedoch auch im Bereich sehr heller Molen- und Hafenlaternen fangen – ein guter Bordscheinwerfer tut's auch.

Meerbarben (Mullidae)

Mit mehreren Arten im Mittelmeer vertreten. Angler fangen fast immer die Streifenbarbe (Mullus surmuletus): E = salmonette de roca; F = surmulet; HE = barbouni; I = triglia discoglio; SK = trlja batoklavka; TU = tekir. Neben der hier beschriebenen Art wird noch die Rote Meerbarbe gefangen. Beide Arten sind leicht an den zwei großen Barteln unter dem Kinn und der deutlichen Beschuppung zu erkennen; die Fische werden selten größer als 30 cm. Im Mittelmeer sind beide Arten seit alters als Speisefische hoch geschätzt.

Barben fängt man über sandig-schlickigem Grund vom verankerten Boot mit Wurm- oder Muschelfleisch am Haken der Größe 10 bis 12, am besten fühlend aus der Hand an dünner Schnur (0,20 mm).

Meerbrassen (Sparidae)

Mehr als 20 Arten, in der Regel 20 bis 30 cm groß, bewohnen das Mittelmeer und gehören zur häufigsten Beute beim Angeln mit Naturködern vom verankerten Boot. Manche Arten dringen bis ins Brackwasser von Flußmündungen und in Häfen vor. Die großen, begehrten Alttiere, bei einigen Arten bis zu 70 cm groß und viele Kilo schwer, leben generell jenseits der 100-m-Tiefenlinie und bleiben dort für Angler unerreichbar; nur nachts steigen auch diese Fische in flachere Uferzonen auf.

Alle Arten sind gesuchte, gute, teils hochbezahlte Küchenfische, insbesondere die rötlichen Arten. Alle müssen geschuppt oder gehäutet werden.

Meerbrassen leben in erster Linie vor felsigen Küsten. Sie sind um so scheuer, je größer sie sind, fliehen bei Störungen sofort in Felsspalten oder dichten Pflanzenbewuchs. Am Tage lassen sie sich nur durch regelmäßiges Anfüttern an den Angelplatz locken, Dämmerungszeiten sind weit besser zum Angeln geeignet. Gute Angelplätze findet man immer entlang des Schaumsaumes der Brandungszone. Die Meerbrassen suchen in der Deckung des Schaumes nach Losgespültem. Man angelt entlang des Saumes mit dem Gleitfloß oder der Wasserkugel in halber Wassertiefe. Beste Köder: Muschelfleisch, Seeringelwürmer, frische Sardinenfetzen, kleinfingerlange Fischchen. In den Häfen fängt man die kleinen Brassen sogar mit Brotkügelchen. Brassen leben gesellig, wo man einen erbeutet, kann man auf viele weitere hoffen.

Für den Fang kleinerer Brassen nahe am Ufersaum oder in Häfen verwendet man Haken der Größe 12 bis 16; für Großbrassen im tieferen Wasser Größe 6 bis 10. Brassen wehren sich vehement und müssen sehr gefühlvoll gedrillt und mit einem Kescher aus dem Wasser gehoben werden. Weitere Einzelheiten s. „Rotbrassen".

Meerforelle (Salmo trutta)

DK = havörred; E = trucha; GB = sea trout; N = sjöörret; NL = zeeforel; S = laxöring; SF = meritaimen.

Der im Schnitt 2 kg, aber bis zu 20 kg schwer werdende Fisch ist vom Lachs kaum zu unterscheiden. Wer meint, einen Lachs gefangen zu haben, muß vor deutschen Küsten fast immer davon ausgehen, daß es sich um eine Meerforelle handelt. Beide Fische sind von gleich hohem Küchenwert und eignen sich für alle Zubereitungsarten, am besten jedoch zum Beizen und Räuchern.

Die Meerforelle (und der Lachs) wandern im Winter zum Laichen in die Flüsse. Die übrige Zeit verbringt sie küstennah im Meer. Es lohnt sich, in den Dämmerungszeiten bei ruhiger See mit der Schleppangel die flachsten Uferpartien abzusuchen. Der Fisch bevorzugt steinige und bewachsene Abschnitte und beißt auf geschleppte Wobbler, kleine Blinker, Fischfetzen und Würmer. Große Meerforellen wehren sich vehement an der Angel und müssen vorsichtig und geduldig ans Boot gebracht werden, das kann mitunter 10 oder 20 Minuten dauern. Beim forcierten Einholen zerreißt die Schnur! Top-Plätze sind die Gewässer um Fünen/Dänemark, Bornholm und die Hanö-Bucht vor der schwedischen Südküste. In diesen Bereichen werden alljährlich viele hunderttausend Jungfische aus Brutanstalten ins Meer gesetzt.

Muräne (Muraena helena)

E = morena; F = murène; I = murena; SK = murina; TU = merina.
Die bekannteste und schon zu Römerzeiten hochgeschätzte gelb-schwarz gezeichnete Muräne lebt versteckt zwischen felsigen Schlupf-löchern, ganz ähnlich wie der Conger. Man fängt sie nachts oder in der Dämmerstunde vom verankerten Boot vor felsigen Küsten in 15 bis 150 m Tiefe. Der Fisch bevorzugt Meeresabschnitte mit Strömung und steilen Abbrüchen, Seekarte studieren! Köder: ganze oder halbierte, möglichst frische Makrelen oder Sardinen. Man angelt fühlend an der Felskante, gibt Angelleine aus und läßt den Köder hinter der Abbruchkante tiefer sinken, immer nur knapp Fels oder Pflanzen berührend. Muränen schie-ßen blitzschnell aus ihren Verstecken, schlucken den Köder sofort und flüchten in die Felsen zurück. Wer nicht auf der Stelle anschlägt und den Fisch rigoros empordrillt, wird ihn verlieren! Starke Schnur (0,45 mm und mehr) und große Haken (2/0 bis 4/0) sind notwendig.

Petermann (Trachinus draco)

DK = fjaesing; E = arana; F = grande vive; GB = greater weever; HE = drakena; I = tracina drago; N = fjesing; NL = groote pieterman; S = fjärsing; SK = pauk bijelac; TU = traconya.
Fahrensmann, hüte dich vor diesem Fisch! Meistens wird er nicht viel größer als 30 cm, sieht harmlos aus, und doch: Sein Stachelgift in der hoch aufgerichteten Rückenflosse und auf den Kiemendeckeln wirkt verheerend und kann mit unerhörtem, tagelang anhaltendem Schmerz und ernsthaften Schwellungen einen ganzen Törn verderben (s. auch „Gefahr erkannt und schon gebannt", S. 130).

Der Fisch wird immer wieder vereinzelt beim Grundangeln erbeutet, vor allem im Kattegat bei der Insel Läsö und im Mittelmeer. Er beißt auf alle Naturköder, bevorzugt auf Würmer und Muschelfleisch. Auf dem Deck bedecke man gefangene Fische sofort mit einem Tuch, damit das Stachelgift darin verströmt. Nach dem Betäuben und Töten müssen die Rückenstacheln und der Kopf abgetrennt werden. In der Küche ergeben die Fische in allen Zubereitungsformen ein vorzügliches Gericht.

Plattfische (Heterosomata)

Hierzu zählen vor unserer Küste Flunder, Scholle, Kliesche und in allen Gebieten Steinbutt und Seezunge. Zur Unterscheidung benutze man weiterführende Literatur.

Scholle (Plattfisch)

Allen gemeinsam ist der hohe Küchenwert. Steinbutt und Seezunge gehören mit zum Teuersten auf den Fischmärkten. Alle Arten leben küstenfern auf sandig-schlickigem Grund, vergraben sich tagsüber und sind dämmerungsaktiv. Nur die heimische Flunder (Platichtys flesus) dringt bis ins Süßwasser vor und wird in Häfen und Flußmündungen gefangen. Plattfische fängt man vom verankerten Boot mit auf dem Grund liegendem Muschelfleisch oder Würmern. Man angelt fühlend und läßt den Fischen etwas Zeit zum Schlucken. Strömungsreiches Wasser an Buhnenköpfen, Hafenmolen oder Kaps und Meerengen eignen sich besonders gut, wenn der Boden rein ist. Anfüttern ist vorteilhaft. Die dänische Inselwelt gilt als Dorado der Plattfische.

Im Mittelmeer erbeutet man noch zahlreiche weitere Arten, vor allem aus der Familie der Zungen (Soleidae), zu der auch die Seezunge gehört. Sie alle sind ausgezeichnete Speisefische.

Steinbutt (Plattfisch)

Rochen (Rajidae)

Diese großen Fische haben eine Vorliebe für das Mittelmeer. Allein 25 Arten könnten dem angelnden Skipper dort an den Haken gehen. In der Ostsee fehlen Rochen gänzlich, in der Nordsee gibt es sie mit 5 Arten nur sporadisch. Fast alle Rochen sind gute bis sehr gute Speisefische; man verwertet nur die „Flügel".

Im Mittelmeer werden Rochen bis zu 5 m groß (Manta, Teufelsrochen). Gewarnt werden muß vor dem Zitterrochen, der bei der Erstberührung Stromstöße bis zu 200 V austeilen kann, und vor dem Stechrochen mit langen, sehr stabilen und spitzen Stacheln auf dem peitschenartigen Schwanz. Damit können die Fische bei der Landung um sich schlagen und sehr schwere Verletzungen verursachen. Zur Unterscheidung der Arten benutze man weiterführende Literatur. Wohl die häufigste, auch in der Nordsee vorkommende Art soll stellvertretend für alle beschrieben werden:

Nagelrochen (Raja clavata). DK = sömrokke; E = raya de clavos; GB = thornback ray; HE = salahi; I = razza chiodata; N = piggskate; NL = stekelrog; S = knaggrocka; SK = raza kamenjarka; TU = vatoz.
Die gesamte Oberseite des Tieres ist mit Dornen übersät, sie sehen aus wie krumm geschlagene Nägel. Der Fisch wird bis zu 90 cm lang, bleibt aber meistens kleiner. Man fängt ihn, wie alle Rochen, auf Sand- und Schlickgrund vom verankerten Boot. Stetes Anfüttern ist sehr vorteilhaft. Als Köder verwendet man Sardinen oder kleine Makrelen im Ganzen, größere Makrelen als Filet oder gedrittelt. Weil bei dieser Angelei Haie häufiger Beifang sind, verwendet man Stahlvorfächer und Hakengröße 3/0 bis 5/0.

Rotbrassen (Pagellus erythrinus)

E = pandora; F = pageau; HE = lethrini; SK = arbun; TU = kirma mercan.
Mit seiner typischen Meerbrassenform mag dieser Fisch stellvertretend

Roter Meerbrassen

vorgestellt werden. Er bevölkert alle Teile des Mittelmeeres, schwimmt sogar durch die Straße von Gibraltar bis hinauf zur englischen Südküste und ganz selten im Sommer auch in den Ärmelkanal.

Man erkennt deutlich die Merkmale aller Meerbrassen: Der seitlich zusammengepreßte, hochrückige Körperbau ähnelt unserem heimischen Süßwasserfisch, dem Brassen (Name!). Der vordere Teil der stets ungeteilten langen Rückenflosse besitzt Stachelstrahlen (die empfindlich stechen können, aber kein Gift enthalten), der hintere Flossenteil besteht aus weichen Strahlen. Typisch ist auch die lange Analflosse mit einigen Stachelstrahlen im vorderen Bereich. Die Augen sind stets groß entwickelt, die Maulspalte reicht, von der Seite betrachtet, nie über den Augenrand hinaus. Die hier beschriebene Art leuchtet beim Fang hellrosa, die Brustflossenbasis und der Hinterrand der Kiemendeckel sind karminrot gefärbt. Nach dem Tod verblassen die Farben des Fisches.

Seelachs: s. „Köhler".

Seeskorpion (Myoxocephalus scorpius)

DK = almindelig ulk; GB = father lasher; N = almindelig ulk; NL = zeedonderpad; S = rötsimpa; SF = iso simppu.

Der kleine stachelige Geselle mit dem viel zu groß geratenen Kopf ist im Küstenbereich von Nord- und Ostsee überall dort gegenwärtig, wo Verstecke zwischen Steinen, Tangen, Buhnen und Pfählen zu finden sind. Die Fische leben gesellig und werden immer wieder beim Angeln mit Naturködern gefangen. Vorsicht bei der Landung! Rücken-, Kopf- und Kiemenstacheln können zu Verletzungen führen. Man streift mit der behandschuhten Hand von vorn über das Maul und packt kräftig in der Körpermitte zu, wenn man den Haken lösen will.

Das Fleisch des Fisches ist weiß, fest und wohlschmeckend; dort, wo man mehrere Seeskorpione erbeuten kann, lohnt es sich, sie zu verwerten. Im Mittelmeer lebt ein sehr naher Verwandter von ähnlicher Größe, der Seebull.

Seeskorpion

Stachelmakrelen (Carangidae)

Große, wild kämpfende Raubfische, mit sieben Arten im Mittelmeer vertreten. Häufigste Art, vor allem im westlichen Mittelmeeer: *Gabelmakrele* (Lichia amia). E = palometon; F = liche; GB = pompano; HE = litsa; I = leccia; SK = lica; TU = akya.
Wird bis zu 1,8 m lang, bleibt aber meistens unter 1 m Größe. Herausspringende Kleinfische, Sardinen, Makrelen verraten die Jagdplätze der begehrten Gabelmakrelen. Sie jagen küstenfern wie auch zuweilen unter der Küste, bevorzugt vor Flußmündungen. Man fängt sie mit der Schleppangel bei 5 bis 8 kn Fahrt. Köder: Jigs, knapp unter der Wasseroberfläche geführt.

Stachelmakrele

Stöcker (Trachurus trachurus)

DK = hestemakrel; E = jurel, chicharro; F = saurel; GB = horse mackerel; HE = savridi; I = suro; N = hestemakrell; NL = marsbanker; S = taggmakrill; SK = sarun; TU = istavrit.

Bei uns Sommergast in der Nordsee, oft in Gesellschaft mit Makrelen. Im Mittelmeer ist der Fisch überall zu finden. Die im Schnitt 0,5 kg schweren Fische leben wie Makrelen als Schwarmfische der hohen See und jagen im oberflächennahen Wasser Kleinfische und große Plankter. Der stachelige, mit spitzen Schuppen übersäte Fisch ist schwer zu verarbeiten; am besten mundet er frisch geräuchert.

Stöcker werden genauso gefangen wie Makrelen, s. dort.

Stöcker

Thunfische und verwandte Arten (Scombridae)

Sieben Arten dieser Familie, zu der auch die Makrelen zählen, leben im Mittelmeer und fehlen vollständig in Ost- und Nordsee.
Alle besitzen als gemeinsames Kennzeichen eine Reihe auffälliger Flösselchen, die jeweils auf der Ober- und Unterseite des hinteren Körperdrittels angeordnet sind.

Thonin (Euthynnus alletteratus)
E = bacoreta; F = thonine; HE = karvouni; I = tonnetto; SK = luc; TU = yazili orkinos. Im Schnitt 7 kg.

Fregattmakrele (Auxis thazard)
E = melva; F = melva; HE = kopani; I = tombarello; SK = trup; TU = gobene. Im Schnitt 1 kg.

Thunfische

Bonito (Katsuwonus pelamis)
E = listado; F = bonite à ventre rayé; HE = palamida; I = tonnetto striato; SK = trup prugavac. Im Schnitt 10 kg.

Pelamide (Sarda sarda)
E = bonito; F = bonite à dos rayé; HE = palamida; I = palamita; SK = pastirica; TU = palamut torik. Im Schnitt 2 kg.

Thunfisch (Thunnus thynnus)
E = atun; F = thon rouge; HE = tonnos; I = tonno; SK = tunj; TU = orkinos. Größter Thun bis 800 kg, im Schnitt 100 kg.

Weißer Thun (Germo alalunga)
E = albacora; F = germon; HE = tónnos; macrýpterus; SK = silac; TU = balik. Im Schnitt 7 kg.

Alle diese Fische werden auf hoher See, im Spätsommer auch vor den Deltas großer Ströme gefangen. Sehr oft verraten unablässig ins Wasser stürzende Möwen den Weg der Thune, die allesamt in Trupps auftreten und Sardinen, Makrelen, Hornhechte an der Oberfläche jagen.
Man fängt die Fische mit Schleppangeln und flach geführtem Köder (Jig). Eine 15 kg tragende, aber 250 m lange Leine ist meist ausreichend. Der Riese dieser Familie, der eigentliche Thunfisch, ist Ursache für eine weltweite Sportangelei, bei der große, schwere Angelrollen mit etwa 1000 m Schnur der 60-kg-Klasse verwendet werden. Der bekannteste Fangplatz solcher Fische ist der Golf von Lyon, vor allem etwa 30 bis 50 sm vor dem Rhóne-Delta. Zahlreiche Yachten sind im August/September in diesem Gebiet an der Angelei beteiligt.

Wittling (Merlangius merlangus)

DK = hvilling; GB = whiting; N = hvitting; NL = wijting; S = vitling.
Ein häufiger, bodennah lebender Schwarmfisch in der Nord- und westlichen Ostsee. Er wird mit der am Boden geführten Naturköderangel
(s. „Angelmethoden", S. 92 ff.) beim Plattfischangeln gefangen. Auch dort,
wo Dorsche sind, finden sich bisweilen Wittlinge, die aber selten künstliche Köder schlucken. Wittlinge ziehen gemächlich suchend umher. Es
lohnt sich, immer dort, wo einer gefangen wurde, eine Markierungsboje
zu werfen und am Platz weiterzuangeln. Denn Wittlinge sind von gutem
Küchenwert und werden von Kennern noch dem Dorsch vorgezogen.
Gute Fangplätze: küstenfern in Tiefen ab 15 m, in sandigen, schlickigen
Mulden mit spärlichem Bewuchs. Gute Köder: Wattwürmer, Muscheln,
kleine Fetzenköder, Hakengröße 2 bis 3.

Wittlinge

Wolfsbarsch (Dicentrarchus labrax)

E = lubina; F = loup; GB = bass; HE = lavráki; I = spigola; NL = zeebaars; SK = lubin; TU = levrek.

Bei uns Sommergast in der Nordsee, selten. Im Mittelmeer überall zu finden und äußerst begehrt wegen des hohen Küchenwertes. Der mausgraue Raubfisch jagt am Tage, vorzugsweise aber in der Dämmerung Kleinfische an der Oberfläche. Seine Jagdgebiete sind stets küstennah; Lagunen, Buchten und Häfen bevorzugt er. Bei Anglern und Fischern ist der wild an der Angel kämpfende Fisch gleichermaßen beliebt und gesucht.

Man fängt ihn mit der Schleppangel, die küstennah im Flachwasser geführt wird. Blinker, Wobbler oder Minijigs sind gleich gut als Köder geeignet. Jagen die Fische (auf springende, fliehende Kleinfische achten!) in gefährlich flachem Wasser, dann angelt man vom verankerten Boot mit der Posenangel und bietet Muscheln, Würmer (vor allem Seeringelwürmer) in halber Wassertiefe an. Der Fisch ist sehr scheu, absolute Stille an Bord ist bei dieser Angelei unerläßlich.

Ein Wolfsbarsch ist die Krönung der guten Fischküche; dazu ist die beste Flasche Wein aus der Backkiste gerade gut genug!

Wolfsbarsch

Ausrüstung

Wer erfolgreich angeln will, kommt nicht umhin, außer Rute und Rolle noch eine Reihe weiterer Kleinigkeiten anzuschaffen. Kein Skipper sollte sich vom verwirrenden Angebot in einem Angelgerätegeschäft abschrekken lassen, sondern sich strikt beschränken auf die hier empfohlene Grundausrüstung. Alle vorgestellten Teile sind Prototypen; viele ähnliche und gleichwertige Ausführungen sind in Gebrauch und empfehlenswert, wenn die Maßgaben den hier vorgestellten Mustern entsprechen. Stets beschaffe man nur korrosionsgeschützte, salzwasserresistente Geräte. Eine Ausnahme bilden nur die Haken – sie sollen rosten (s. dort).

Und wenn alle Teile erst einmal in einer Tacklebox von Aktenkoffergröße untergebracht und in der Backkiste verstaut sind, löst sich die Verwirrung auf – alles halb so schlimm!

Die Rolle

ist das Kernstück der Ausrüstung. Auf dem deutschen Markt gibt es über 1200 verschiedene Rollen. Für den Anfang aber genügt eine einzige Rolle, mit der beinahe alle Angeleien vor unseren Küsten und im Mittelmeer ausgeübt werden können. Es muß eine Multirolle sein für 250 bis 400 m der Schnurstärke 0,45 mm. Folgende Merkmale muß die Rolle aufweisen: Spule aus Metall, Gehäuse aus Metall oder Kunststoff (Gra-

phit), griffige Stern- oder Hebelbremse (die „Kampfbremse"), fein ein-
stellbare separate Spulenbremse (gegen Schnurüberlauf und Verhed-
dern), Schnurführer, griffiger Rücklaufsperrhebel, kugelgelagertes Getriebe.

So benutzt man eine Multirolle

1 Spule mit 0,45-mm-Schnur in empfohlener Länge befüllen.
2 Rolle auf der Rute befestigen.
3 Schnurende durch Schnurführer fädeln (auch durch alle Ruten-
ringe).
4 Achsbremse so einstellen, daß die Spule erst dreht, wenn ein
feiner, leichter Zug ausgeübt wird.
5 Kampfbremse so einstellen, daß die Spule erst bei 50% der
Schnurtragkraft zu drehen beginnt.
6 Spulenfreilauf blockieren, Köder samt Beschwerung einhängen.
7 Rute und Rolle in Position bringen, Daumen der Rutenhalte-
hand auf die Schnurtrommel drücken.
8 Spulenfreilauf entriegeln, Daumenbremse langsam lösen, Köder absinken lassen.
9 Nach Erreichen der gewünschten Tiefe ein kurzer Kurbel-
schwung – der Freilauf ist wieder verriegelt, das Angeln kann
beginnen.
10 Zieht ein sehr schwerer, kämpfender Fisch Schnur von der
Trommel, nicht die Bremse verstellen! Fisch ermüdet meistens
bald und läßt sich dann ans Boot kurbeln.

Wer nur das Schleppangeln ausüben will, benötigt denselben Rollentyp,
aber zweckmäßigerweise mit Zählwerk. Damit läßt sich die Länge der
nachgeschleppten Schnur kontrollieren.

66

Tips zur Rollenpflege

○ Nach jedem Angeltag die Kampfbremse vollständig lockern.

○ Nach jedem Spritzwassertag, mindestens aber nach jedem Törn die Rolle samt Schnur im warmen Süßwasser auswaschen und gründlich trocknen.

○ Nach dem Trocknen mit feinstem Sprühöl (äußerlich) behandeln.

○ In der Winterpause das Innere kontrollieren, gegebenenfalls mit Waschbenzin reinigen und Getriebe neu fetten.

○ Ungebrauchte Rollen mit Stoff- oder Lederbeuteln schützen.

Multirolle mit Schnurführer und Sternbremse (ABU-AMBASSADEUR-7000-C-Synchro). Gewicht 595 g. Für 250 m Schnur von 0,45 mm.

Schlepprolle mit Zählwerk (DAIWA SG-27-LC). Spezialrolle für das Schleppen mit Divers, Planer Boards und Paravans in der Ostsee. Fürs Mittelmeer benötigt man einen Rollentyp mit größerem Schnurfassungsvermögen (mindestens 300 m der Stärke 0,45 mm).

Die Rute

Die Wahl der **Rute** ist ebenso einfach wie die der Rolle. Man benötigt für den Anfang nur eine einzige Rute für fast alle hier beschriebenen Angeleien. Nur Glasfaser (sehr stabil und bruchfest) und Kohlefaser (empfindlich, aber leichter und elastischer) kommen als Baumaterial in Frage. Länge: 2,4 m, Merkmal: geeignet für Ködergewichte bis 150 g (man nennt das auch „Wurfgewicht" oder „Aktionszahl"). Zwei Bautypen sind in Gebrauch: Die *Teleskoprute* läßt sich sehr weit zusammenschieben und benötigt nach dem Angeln wenig Stauraum an Bord. Die *Steckrute* aus zwei Teilen ist sperriger, aber weniger empfindlich und pflegeleichter. Weitere Auswahlkriterien: Schraubrollenhalter aus Metall mit Kontermutter, Handteil („das dicke Ende") mit griffiger, hautverträglicher Kunststoff-Ummantelung und passend zu Rutenhalterhülsen beim Schleppangeln.

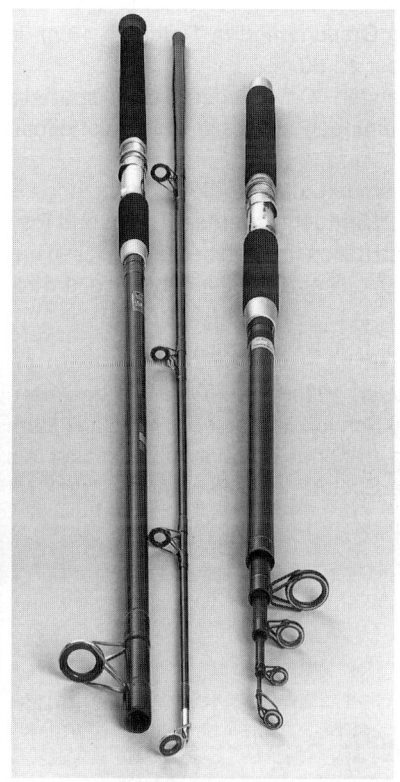

Angeln mit der Multirolle: So bremst man mit dem Daumen feinfühlig den Auslauf der Rollenschnur.

Universal-Bootsruten. 2,4 m lang, für Wurfgewicht bis 150 g. Links zweige-teilt, rechts als zusammenschiebbare Teleskoprute.

Die Schnurlaufringe müssen auch nach jahrelangem Gebrauch absolut glatt bleiben, damit die Schnur stets geschmeidig und ohne Beschädigung hindurchlaufen kann. Moderne Kunststoffe von größter Härte haben die Porzellanringe aus Großvaters Zeiten abgelöst. Man lasse sich beraten und wähle nur das Beste!

Eine stabilere Rute von 2,1 m Länge und für Ködergewichte bis 400 g benötigen nur jene Skipper, die das absolut schwerste Meeresangeln ausüben wollen. Solche Bedingungen herrschen bei rascher Drift und starken Strömungen in der Ostsee im Öresund und in Tiefen ab 40 m, in der Nordsee ab 30 m und im Mittelmeer ab 60 m.

Für das Schleppangeln mit schwersten Downriggern sind spezielle Schleppruten mit sehr viel mehr Rutenringen als sonst üblich vorteilhaft (s. Abb. S. 84 und 101).

Nur der Vollständigkeit halber sei angemerkt, daß für die Großthunangelei im Mittelmeer noch schwerere Ruten in Betracht kommen. Ruten und Rollen für diese Angelei, von Franzosen und Italienern gern betrieben, fallen unter die Rubrik „Big Game Fishing", das in diesem Buch nicht behandelt wird.

Die Schnur

An der **Schnur** hängt der Erfolg oder Mißerfolg. Für alle Angelarten benötigt man eine monofile (einfädige) Schnur, farblos oder mit bläulichem Muster. Man wähle eine etwa 15 kg tragende Schnur, nicht dicker als 0,45 mm. Es kommen immer dünnere Schnüre mit gleich hoher Tragkraft

Monofile Angelschnur. Links 1000-m-Spule, Tragkraft ca. 15 kg für die Rolle; rechts 100-m-Spulen mit geringerer Tragkraft für die Herstellung von Vorfächern.

auf den Markt: Man wähle die dünnste aller Schnüre, wenn sie denn 15 kg trägt. Die Rollenschnur stückelt man nicht durch Verknoten, deshalb kauft man Spulenpackungen von 500 oder, besser noch, 1000 m Länge. Auch wenn die gewählte Rolle unter 500 m Kapazität hat, so verbleibt in der Tacklebox eine Reserve für den Fall eines Totalverlustes durch Abriß. Merke: Auch Abrisse von 20 oder 50 m der Rollenschnur nie durch Anknoten ersetzen, sondern entweder mit verkürzter Rollenschnur weiterangeln oder Rollenspule völlig neu befüllen!

Man wähle „harte", wenig dehnbare, monofile Schnüre, salzwasserresistent und UV-lichtbeständig. Für Tiefen ab ca. 50 Meter sind Geflechtschnüre vorteilhaft, weil sie im Vergleich zur selben Tragkraft wesentlich dünner sind. Aber Vorsicht: Diese Schnüre sind praktisch ohne Dehnung. Es muß mit sehr genau eingestellter Bremse gefischt werden, sonst können Rollen, Ruten und Schnur zerstört werden.

Für die Anfertigung von Vorfächern (s. S. 86) benötigt man 100-m-Spulen desselben Schnurtyps, möglichst aber farblos und dünner als die Rollenschnur: 0,20 mm und 0,25 mm (im Mittelmeer) und 0,30 bis 0,35 mm für alle anderen Montagen.

Vorfächer für den Fang von Scharfzähnern – bei uns der Hundshai und der Hecht, im Mittelmeer alle Haie, Conger und Muränen – müssen aus Stahldraht gefertigt sein. Vorfachlänge: mindestens 1,2 bis 1,5 m, denn alle genannten Fische verwickeln sich blitzschnell ins Vorfach; Katzenhaie können dabei mit ihrer rauhen Haut Kunststoffschnüre glatt durchscheuern. Zerknickte oder beschädigte Stahlvorfächer wechselt man aus.

Stahldrahtvorfächer sollten immer aus geflochtenem, feindrähtigem Material bestehen. Man kann sie im Gerätehandel fertig kaufen, oder man läßt sie anfertigen. Zur Selbstverarbeitung eignen sich auch Kevlarmaterialien mit einer Stahldrahtseele. Die Tragkraft dieser Vorfächer sollte immer etwas unter der Tragkraft der Rollenschnur bleiben.

Haken

für die in diesem Buch behandelten Angelarten wählt man als Öhrhaken in den Größen 16 bis 5/0 (MUSTAD-Beak-Hook-Größenstem). Haken mit an-

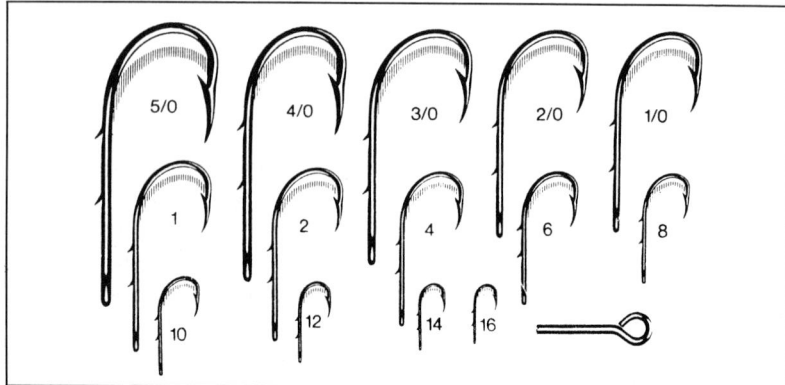

Haken mit Öhr und gespantem Schaft sind das Standardmuster für die Naturköderangelei im Meer. Man benötigt sie in den Größen 5/0 (Conger) bis 16 (Meeräschen), jeweils passend zur beangelten Fischart (Abb. ca. 20% verkleinert).

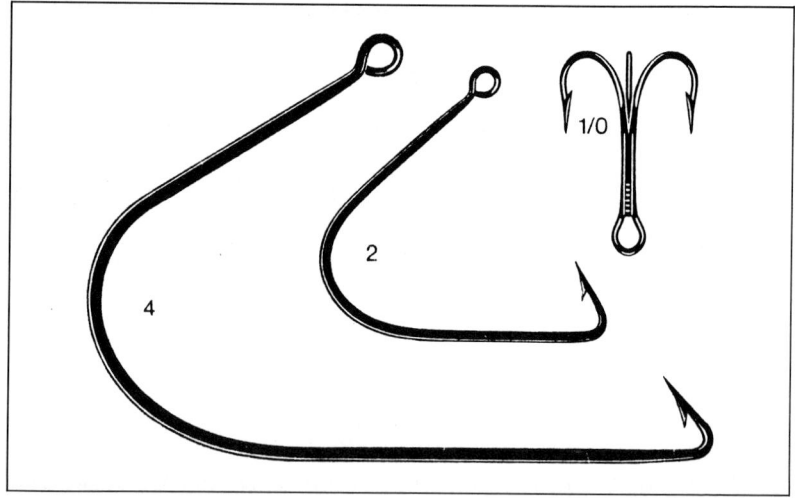

Kniehaken für Barsch (klein) und Hecht sowie Drillingshaken für Pilker, etwa 10%
verkleinert abgebildet. Diese Muster sind ausreichend für die Ostseeangelei.

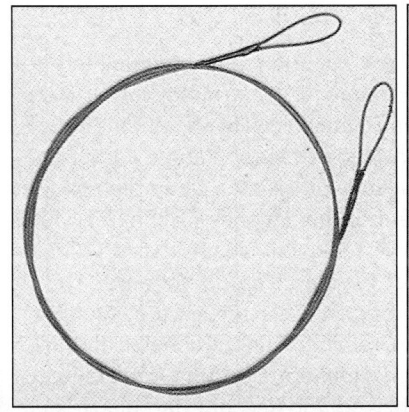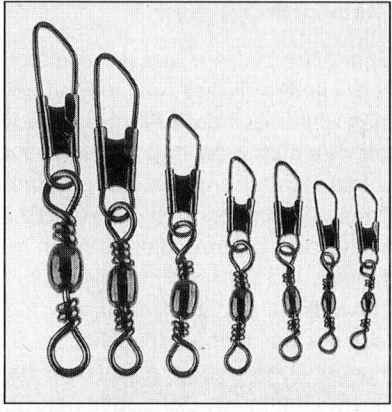

Stahldrahtvorfach. Man benötigt es mit zwei Schlaufen, max. 15 kg tragend, 50 cm lang (Hecht), mindestens 1,2 m lang (Haie, Muränen, Conger).	*Karabinerwirbel, brüniert. Wird 15 kg tragend an die Rollenschnur geknüpft. Kleinere Muster bis 4 kg Tragkraft benötigt man, um Vorfächer herzustellen.*

gespanntem Schaft werden für das Angeln mit Würmern, ungespante für alle anderen Angelarten gebraucht. Kniehaken (Größe 4) verwendet man zum Angeln mit toten Köderfischchen auf Hecht, etwas kleinere nimmt man für Barsche. Drillingshaken werden nur an Pilkern, Wobblern und Blinkern als Endhaken verwendet.

Alle Haken sollten aus rostendem Material sein, denn solche Haken fallen nach kurzer Zeit aus dem Maul eines Fisches, der sich samt Haken losreißen konnte. Stumpfe, angerostete Haken stets wechseln!

Wirbel

mit Karabinerhaken von 15 kg Tragkraft benötigt man nur an der Rollenendschnur zum Ein- und Aushängen der Köder (Pilker) und Vorfächer. Nur für das Befestigen von Wobblern und Blinkern an der Schleppschnur sind kleinere Wirbel zu empfehlen. Letztere sollten unbedingt kugelgelagert und korrosionsbeständig sein.

Landungswerkzeuge

Unerläßlich ist ein Messer, das sich gut schärfen läßt und zugleich gut zum Filetieren geeignet ist. Eine Lösezange ist von großem Vorteil, wenn man Haken aus dem zähnestarrenden Rachen von Haien, Muränen, Conger, Hechten oder Katzenhaien lösen muß. Strapazierfähige Lederhandschuhe sind grundsätzlich zum Anpacken von Fischen zu empfehlen. Ein Priest (Schlagstock) dient zum Betäuben gefangener Fische. Alle Teile wähle man so groß, daß sie noch in die Tacklebox aus Kunststoff hineinpassen. Ein Gaff (Landungshaken) ist für die Landung schwerer Fische unerläßlich. Der Griff dazu, aufsteckbar oder als Teleskop ausgebildet, muß der Bordhöhe angepaßt sein. Ein Kescher (Landungsnetz), ebenfalls mit genügend langem Griff, ist das humanere Landungswerkzeug für Fische, nimmt an Bord aber viel Platz weg. Ein Kescher darf nie zu klein gewählt werden.

Lösezange. Feuerverzinkt, 20 cm lang. Zum Lösen von Haken.

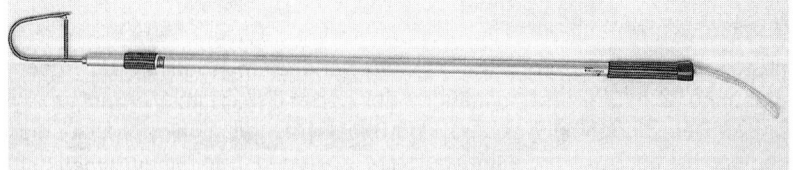

Gaffs müssen stabil, lang genug und rostfrei sein.

Kescher mit genügend langem Stiel eignen sich sehr gut für die humane Fisch-landung.

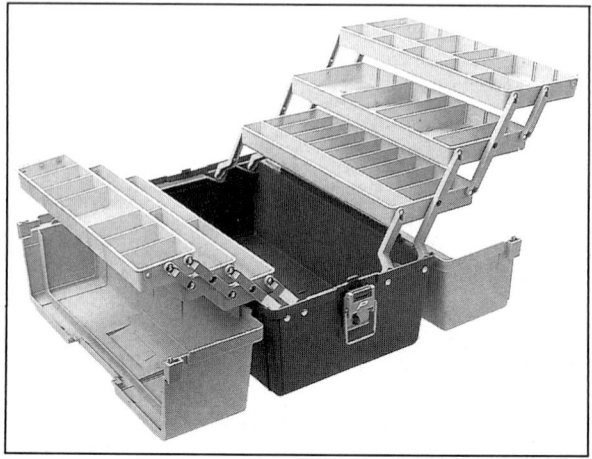

Gerätekasten aus schlagfestem Kunststoff. Die Inneneinteilung und Größe sollte man so wählen, daß auch ein Schlagholz, große 1000-m-Schnurrollen, die Angelrolle, größere Pilker und Gleitposen darin Platz finden. Viele Fächer für Kleinteile sind vorteilhaft.

Schwimmer

benötigt man, wenn ein Köder beständig in einer bestimmten Wassertiefe gehalten werden soll. Gleitposen verwendet man in 12 bis 18 cm Länge für den Fang von Hornhechten (mit dem Fetzenköder), Hechten und Barschen (mit Köderfisch oder Wurm), in 6 bis 8 cm für Meerbrassen (Mittelmeer) und in 30 cm mit etwa 30 g Tragkraft für Dornhaie. Wasserkugeln benötigt man, um scheue Mittelmeerfische im Flachwasser (Brandungszone, Häfen) zu überlisten. Man wähle sie farblos oder rot (in der Gischt). Kugeln von 12 bis 30 mm Durchmesser, gleitend montierbar, sind empfehlenswert.

Vermischtes

Die Aalglocke, an die Spitze einer zum Fang ausgelegten unbeaufsichtigten Rute geklemmt, ist ein akustischer Alarmgeber. Sie bewährt sich vor allem in Häfen. Seitenarme (Vorfachabweiser) benötigt man für alle Grundbleiangelmethoden, bei denen oberhalb des Bleies in die Rollenschnur Vorfächer eingehängt werden sollen. Arme aus Kunststoff haben sich bewährt. Man verwendet Seitenarme beim Naturköderangeln in Ost- und Nordsee, aber auch im Mittelmeer. Bleie (Senker) werden benötigt:

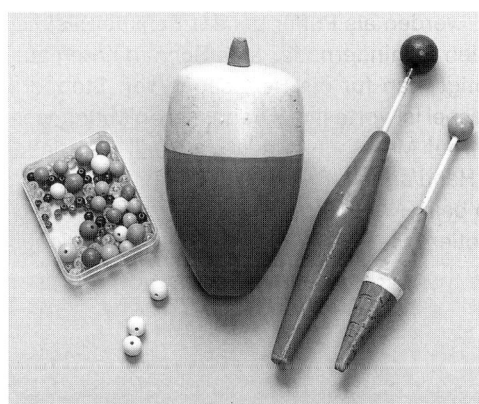

Gleitposen. Schlanke Muster (15 bis 20 cm lang) für alle Angeleien; Mitte: Haipose. Links durchlochte Pufferperlen für die Gleitposenmontage.

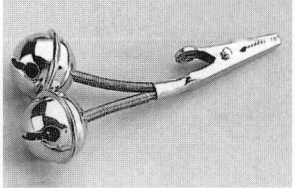

Aalglöckchen, anklemmbar an die Rutenspitze. Akustischer Bißanzeiger beim nächtlichen Hafenangeln.

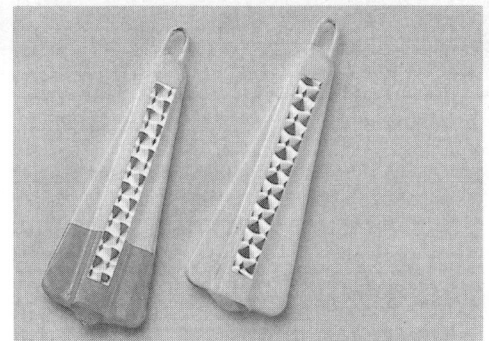

Reflexblei für Herings- und Makrelenpaternoster, ca. 80 g.

als durchlochte Kugelbleie in 10 bis 30 g für die Herstellung von Gleitfloßmontagen; als birnenförmige Grundbleie mit Öse für alle Angelarten mit Naturködern auf dem Grund (in Gewichten von 60 bis 500 g); als Bleischlitten für das Naturköderangeln in Ost- und Nordsee (100 bis 400 g).

Kunststoffperlen, durchlocht, werden als Puffer bei der Schlittenbleimethode benutzt. Die Puffer sollen verhindern, daß sich Schnurknoten aufscheuern. Gummiband benötigt man für die Herstellung von Stoppern beim Gleitfloßangeln. Eine Haspel ist vorteilhaft, wenn man in Mittelmeerhäfen das feinfühlige Angeln auf Meeräschen betreiben will und dabei ohne Rute und Rolle aus der Hand angelt. Buttvorfächer kauft man fertig montiert. Man verwendet sie beim Naturköderangeln mit dem Schleppblei. Die bunten Perlen und rotierenden Löffelchen vor dem eigentlichen Köderhaken wirken als Teaser (Locker).

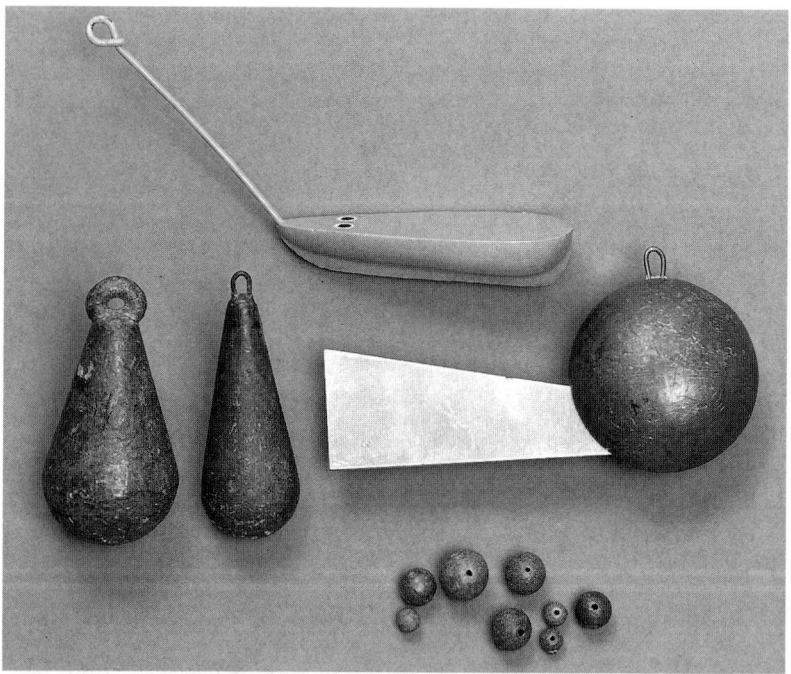

Bleie. Oben Bleischlitten, links Bleibirnen, rechts Schleppblei für Downrigger, unten durchlochte Kugelbleie zur Gleitposenbeschwerung.

Schleppangelgeräte

benötigt jeder Skipper. Für jede Methode ist eine Rutenhalterung unerläßlich. Das ist eine stabile Hülse, in der man das Rutengriffteil bequem
und gänzlich unterbringen kann. Nichts darf klemmen, die Rute muß sich
blitzschnell beim Anbiß eines Fisches aus der Hülse herausnehmen lassen. Hülsen aus Edelstahl mit durchlochtem Boden zum Ablaufen von
Wasser sind vorteilhaft. Sie können leicht demontiert werden, wenn einmal nicht geangelt werden soll. Wer schleppend achteraus nur an der
Oberfläche kleine Makrelen und Hornhechte fangen will, kann seine Rute
notfalls auch schlicht an der Reling festbinden, aber Vorsicht! Auch dann
benötigt man, wie bei allen anderen Montagearten, eine Sicherungsleine
für Rute und Rolle. Sie wird am Rollenfuß und an der Reling befestigt und
mit einem großen Karabinerhaken versehen, damit sie schnell im Falle
eines Anbisses zu lösen ist.
Eine gut befestigte Hülse reicht auch, wenn man Paravans und Schergeräte tiefer im Wasser schleppen will. Solche Schleppgeräte nennt man
Planer Boards oder Divers. Ein gutes Gerät dieser Gruppe soll den ge-

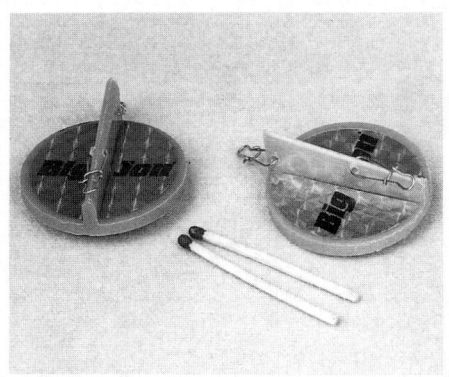

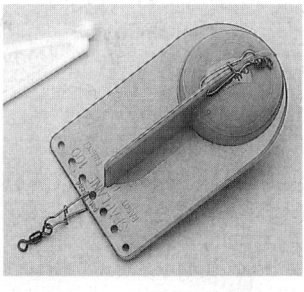

*Paravan. Je nach Lochwahl
fürs Einhängen läuft das
Schleppgerät tiefer und schert
zur Seite.*

*Divers (Mini-Disk). Diese knapp streichholz-
langen Schleppscheiben können bis zu 10 m
tief tauchen und seitwärts scheren.*

schleppten Köder in der Regel tief führen und scheren können. Wer aber beispielsweise in der dänischen Inselwelt die begehrten Meerforellen nur in 1 bis 3 m tiefem Wasser an der Küste fangen will, jedoch ein tiefgehendes Boot besitzt, benötigt ein Planer Board, das sehr weit aus der Kiellinie heraus zum Ufer schert; die Schlepptiefe muß dabei sehr gering bleiben. Alljährlich erscheinen neue Boards und Divers auf dem Markt, man lasse sich im Fachgeschäft beraten.

Hülsen mit integriertem Schleppgerät sind Favorit der „Schleppprofis". Es gibt sie anklemmbar in kleinerer und fest mit dem Boot verschraubbar in stabiler Ausführung. Für das Tiefenschleppen mit Gewichten (s. ab S. 99 ff.) sind letztere unerläßlich. Man nennt solche Geräte „Downrigger". Downrigger müssen Gewichte von 2 bis 6 kg und mehr an einer separaten Leine nahe am Boot schleppen. Man benutzt kugelförmige Bleigewichte mit Stabilisierungsflosse. Die Tiefenregulierung erfolgt entweder per Hand, hydraulisch oder elektrisch. Der Clou sind Geräte, die mit einem

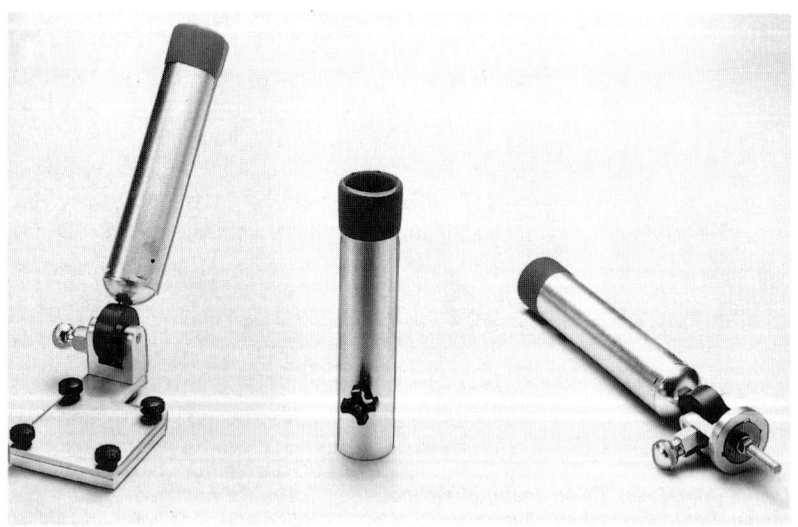

Rutenhalter sind für das Schleppangeln unentbehrlich.

Echolot gekoppelt sind und die Tiefenregulierung automatisch gesteuert wird. Das ist von unschätzbarem Wert, wenn man in Grundnähe schleppen will und sich der ständig wechselnden Tiefe anpassen muß, z. B. in der Ostsee beim Schleppen auf Dorsche.

Zur weiteren Ausrüstung der Downrigger gehören Clips. Damit wird die Angelleine an der Downriggerleine befestigt. Man wähle aus der großen Zahl der Clips solche mit variabel einstellbarer Klemmkraft. Clipfedern dürfen nicht korrodieren.

Für das Angeln mit Downriggern und das Schleppen an der Oberfläche eignet sich die in diesem Buch vorgestellte Ruten/Rollenkombination. Für das Angeln mit Planer Boards, Divers und Paravans ist jedoch die Verwendung einer Angelrolle mit Meterzählwerk vorteilhaft, weil sich

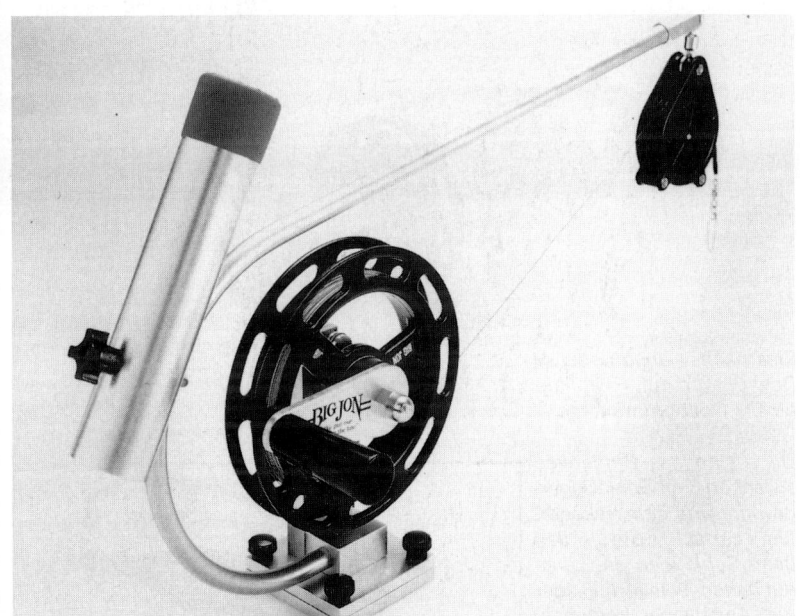

Downrigger für den Handbetrieb und zur Dollbord-Festmontage. Für Gewichte bis 6 kg.

damit die gewünschte Leinenlänge, abhängig vom Ködertiefgang und der Achterausschlepplänge, kontrollieren läßt. Die Leinenlänge kann man anhand von Tabellen bestimmen. Man wähle Schleppgeräte mit beigefügten Tabellen, die Auskunft über Schlepptiefen in Abhängigkeit von der ausgegebenen Leinenlänge geben.

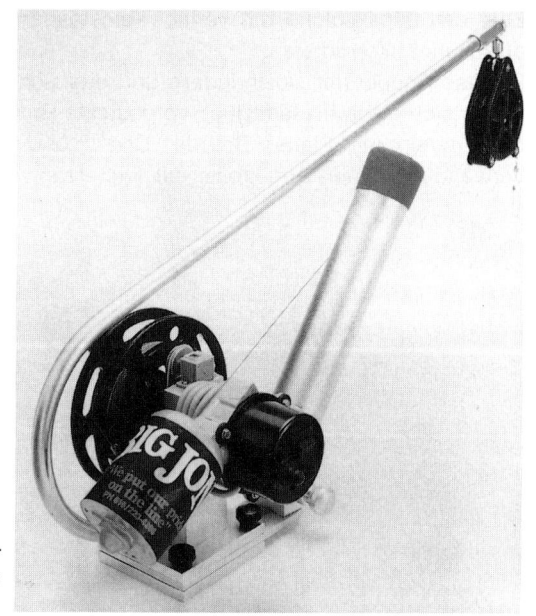

Elektrisch angetriebener Downrigger mit Festplatte für die Dollbordmontage.

Clips sind das Bindeglied zwischen dem Downrigger-gewicht und dem beköder-ten Vorfach. Sie sollen beim Schleppen die Leine gut halten, beim Anbiß aber die Angelleine freigeben. Man wähle Clips mit ver-stellbarer Druckkraft.

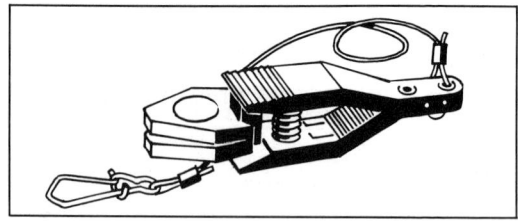

Skippers Tackle list	Ost-see	Nord-see	Mittel-meer
Aalglocke	×	×	×
Beifänger (Twister, Gummimarks)	×	×	−
Bleibirnen	×	×	×
Bleikugeln, durchlocht	×	×	×
Bleischlitten	×	×	×
Blinker	×	−	×
Buttvorfächer (Plattfisch)	×	×	−
Filetiermesser	×	×	×
Garnrolle	×	×	×
Gerätekasten	×	×	×
Gleitpose	×	×	×
Gummibänder	×	×	×
Haken Gr. 16−5/0	×	×	×
Handschuhe, Leder	×	×	×
Haspel	−	−	×
Heringspaternoster	×	×	×
Jigs	−	−	×
Kescher und Gaff je 1×	×	×	×
Kniehaken	×	−	×
Köhlerpaternoster	−	×	−
Lösezange	×	×	×
Makrelenpaternoster	−	×	×
Nierenbürste	×	×	×
Perlen (aus Kunststoff)	×	×	×
Pilker	×	×	−
Rolle	×	×	×
Rute	×	×	×

Skippers Tackle list	Ost-see	Nord-see	Mittel-meer
Schleppgeräte	×	×	×
Schnur, monofile, 4 Stärken	×	×	×
Schuppmesser	×	×	×
Seitenarme	×	×	×
Stahlvorfach	×	×	×
Tiefenschleppgerät	×	–	×
Wasserkugeln	×	–	×
Wirbel (mit Karabinerhaken)	×	×	×
Wobbler	×	–	×
Und zum Schluß: 1 Tacklebox, in die das meiste hineinpaßt	×	×	×

Elektromotorischer Downrigger Big Jon Captains Pak mit Shimano-Schlepprollen Triton LD-2000. Man achte auf die speziell für Schleppangeln entwickelten Berkley-Schleppruten mit wesentlich mehr Rutenringen als es sonst beim Meeresangeln üblich ist.

Angelmethoden

Allgemeines

Die Tragkraft der **Rollenschnur** sollte für alle in diesem Buch beschriebenen Angeleien 15 kg (das entspricht 0,40 bis 0,45 mm Schnurdicke bei monofiler Schnur) nicht unterschreiten. Ans Ende der Schnur knüpfe man einen mindestens 15 kg tragenden Wirbel mit Karabinerhaken. In diesen Haken werden alle für die jeweilige Fangmethode notwendigen Vorfächer eingehängt.

Vorfächer nennt man jene Schnüre, die an die Haken gebunden und in den Wirbel der Rollenschnur mit einer Schlaufe eingehängt werden. Jeder Angler hat seine eigenen Vorfächer, sie sind endlos zu variieren. Die wichtigsten sind den Zeichnungen zu entnehmen; die jeweiligen Längenangaben können etwas verändert werden. Vorfächer kann man auch in Fachgeschäften fertig montiert kaufen. Man wählt Vorfächer stets dünner als die Rollenschnur, um bei einem **Hänger** (Haken sitzt an einem Hindernis fest) nicht die ganze Rollenschnur und den Senker (Bleie) zu verlieren. Läßt sich ein Hänger nicht lösen, dann reißt nur das Vorfach samt Haken ab. Beim Pilken auf Dorsche geht dabei allerdings auch der teure Pilker verloren.

Hier sind einige Hinweise für das **Lösen von Hängern:**
Man sollte sie nie mit der gebogenen Rute lösen, da die Rute sonst beschädigt werden oder gar zerbrechen könnte. Man lockert die Schnur durch Lösen der Rollenbremse und fährt zur Hakstelle zurück. Beim Kreuzen der Hakstelle versucht man durch kurze Rucke mit der in der Hand gehaltenen Schnur (Handschuhe benutzen!), den Hänger zu lösen; bei langsamem Gegenkurs zur Driftrichtung gelingt das häufig. Bleibt der Pilker fest, dann wickelt man die Schnur einige Male um einen Relings-

Vorfächer, Beispiele

1 = ca. 50 cm, Schnur 0,20 mm, Hakengröße 12 bis 16 fürs Mittelmeerangeln (Meerbrassen, Barben, Äschen)

= Hakengröße 3 bis 4 fürs Hafenangeln (Ost- und Nordsee: Aal, Seeskorpion, Flundern)

= Mit Schnur 0,30 mm und Hakengröße 1 bis 2 fürs küstennahe Angeln (Ostsee) vom verankerten Boot

2 = Buttvorfach mit rotierendem Löffelchen, Schnur 0,30 mm, Hakengröße 1/0 bis 2/0, für das Angeln mit dem Bleischlitten, driftend (Ostsee)

= Mit Schnur 0,35 bis 0,40 mm, Hakengröße 1/0 bis 3/0 und dem Bleischlitten (Nordsee)

3 = Variation zu 2

4 = Stahlvorfach, max. 15 kg tragend, Hakengröße 4/0 bis 5/0, fürs Grund- und Posenangeln auf Haie, Conger, Muränen, Rochen

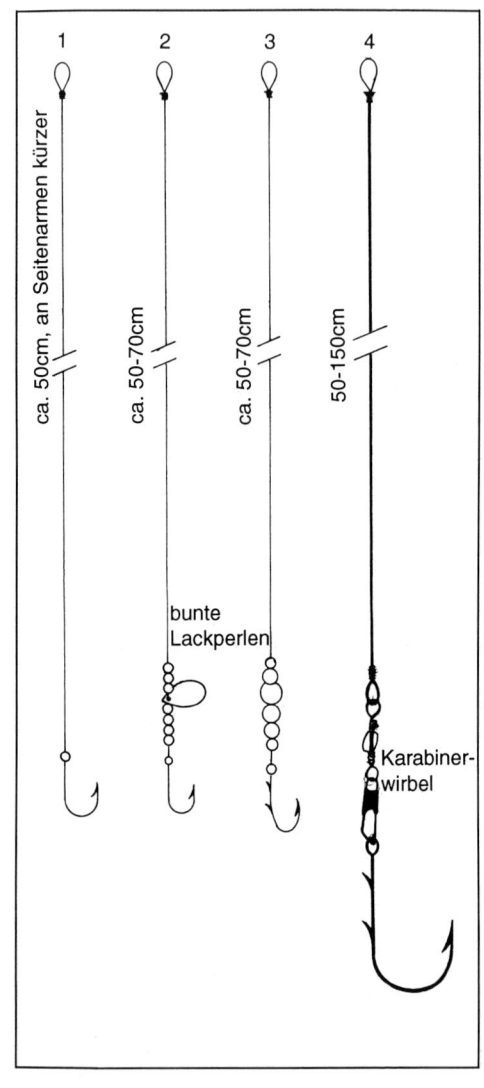

pfosten und läßt das Boot abtreiben. In zwei von drei Fällen löst sich dabei schließlich der Hänger unter Aufbiegen des Hakens. Solche Haken sofort auswechseln.

Unbeaufsichtigt ausgelegte Angeln sollten immer mit einer **Sicherungs-leine** an der Reling befestigt werden. Beim Driften und einem Hänger (oder großem Fisch!) ist schon manche Rute samt Rolle im Meer verschwunden.

Das schon mehrfach erwähnte **Anfüttern** ist eine bewährte Methode, um Fische an den Angelplatz zu locken. Als Futter verwendet man einen zerstampften Fischbrei aus Fettfischen (Heringe, Sardinen, Makrelen). Dieses „Rubby dubby" wird vom verankerten Boot alle Minute pflaumengroß achteraus geworfen. Es soll sich dabei rasch im Wasser verteilen, und man angelt in der so entstandenen „Duftwolke" im Oberflächen- oder Mittelwasser auf Makrelen, Stöcker, Dornhaie, Blaufische, Hornhechte, Gabelmakrelen u. a. mit der Posenangel (Gleitfloß).

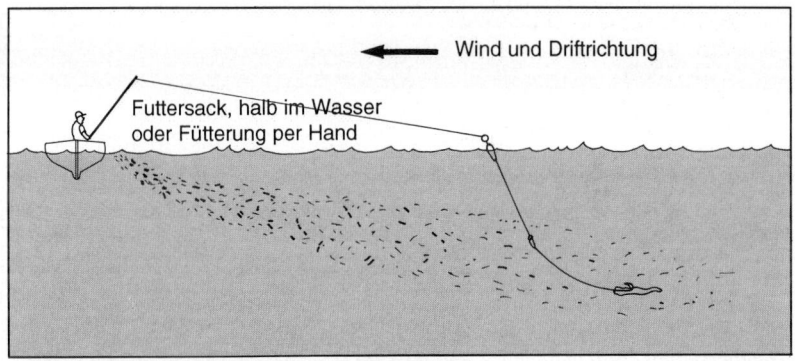

Anfüttern. Wirkungsweise beim Gleitposenangeln auf Hornhechte, Makrelen, Blaufische, Stachelmakrelen.

Will man Grundfische anlocken, dann füllt man das Rubby dubby in einen Zwiebelsack und senkt ihn an einer Leine achteraus bis auf den Grund. Von Zeit zu Zeit wird der Sack geschüttelt. Sind Haie in der Nähe, muß man einen Drahtkorb nehmen. Zum Anlocken von Mittelwasserfischen hat sich auch die Befestigung des Ködersackes außenbords an der Wasserlinie bewährt; beim Dümpeln spült das Futter von selbst aus und treibt langsam absinkend achteraus.

Markierungsbojen sind nützlich, wenn man einen guten Fangplatz gefunden hat; selten stehen Fische allein, wo einer beißt, da sind noch mehr. Also: sofort Boje auslegen und zurück zum Fangplatz. Das Markieren ist in der Nordsee bei einem Wrack, in der Ostsee bei einem guten Dorschplatz nützlich, weil man hier fast immer vom Fangplatz verdriftet.

Anhieb nennen Angler den harten Anschlag (bei vorher blockierter Rolle!) nach einem Anbiß. Der Anschlag ist oft notwendig, um den Haken fest in den Fisch einzutreiben.

Wie man einen Fisch nicht landen soll: Die Schnur zwischen Rutenspitze und Fisch ist viel zu kurz – noch ein harter Schlag des Fisches, und er hat sich befreit! Bei der Landung darf die Schnur höchstens bis auf Rutenlänge eingeholt werden.

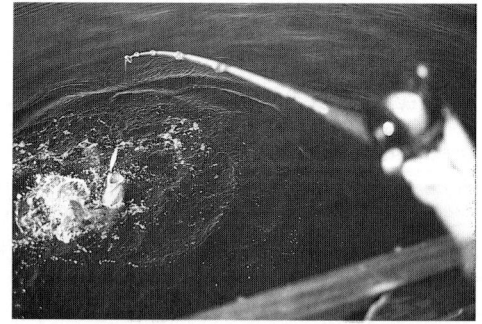

Als **Drill** wird der Kampf mit einem sich heftig wehrenden Fisch bezeichnet. Damit dabei die Schnur nicht reißt, muß vorher die Rollenbremse der Vorfach-Tragkraft entsprechend eingestellt werden.

Unter **Landung** versteht man das Herausnehmen des Fisches aus dem Wasser hinauf auf die Decksplanken. Dabei vervielfacht sich das Gewicht des Fisches, oft schlitzen die Haken aus, und der Fisch geht verloren. Um das zu vermeiden, ziehe man kleine Fische nie ruckweise, sondern zügig aus dem Wasser. Große Fische landet man mit einem Kescher oder Gaff. Wer geschickt ist, gafft Fische verletzungsfrei durch die Kiemenöffnung.

Ostsee-Angelmethoden

Pilken

Das Pilken ist die beliebteste und einfachste Methode, mit der jedoch fast nur Dorsche erbeutet werden. Die in diesem Buch empfohlene Ruten/Rollenkombination eignet sich vorzüglich, um auf der Luvseite vom treibenden Boot zu pilken.

Die freilaufende Schnurtrommel wird nur schwach mit dem Daumen gebremst, der Pilker (s. S. 116 ff.) an der Bordwand *in Luv* bis zum Grund herabgelassen, und schon beginnt das Pilken durch ruckweises Heben und Senken der Rutenspitze (ca. 1 bis 2 m, nicht mehr). Nach jedem Heben muß der Pilker wieder den Grund berühren, unbedingt!

Da das Boot vom tanzenden Pilker forttreibt, muß man stets beim Senken die Daumenbremse so lange lockern, bis der Pilker wieder deutlich fühlbar den Boden berührt. So verlängert sich ganz allmählich die Schnur, der Abstand vom Pilker zum Boot wird immer größer, und der Neigungswinkel der Schnur zur Wasseroberfläche wird immer kleiner. Er sollte ca. 45° (s. Abb.) nicht wesentlich unterschreiten, weil sonst allmählich die Fühlung verlorengeht. In der 45°-Position sollte der Pilker im Idealfall nach jedem Heben und Senken den Boden berühren, ohne daß dabei weitere Schnur ausgegeben wird. Gelingt dies nicht, muß entweder eingeholt und von neuem an der Bordwand herabgelassen werden, oder man wählt ein höheres Pilkergewicht.

Auch bei schneller Drift muß man das Gewicht des Pilkers erhöhen, damit er nach jedem Senken auch tatsächlich den Boden erreicht (zu leichte Pilker würden „auftreiben", den Boden nicht mehr oder erst nach langer Schnurausgabe erreichen). Hier die Grundregeln:

Bei 10 bis 20 m Tiefe und   Wind bis 3 = 75 g
                              Wind bis 5 = 100 bis 125 g
                              Wind ab 5 = 125 bis 200 g

Bei 20 und mehr m Tiefe und Wind bis 3 = 100 g
                              Wind bis 5 = 150 g
                              Wind ab 5 = 250 g

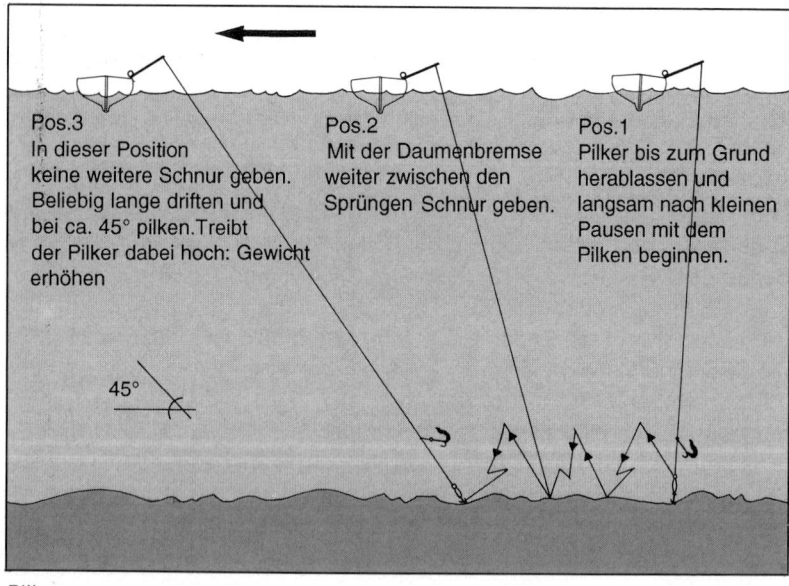

Pos.3
In dieser Position keine weitere Schnur geben. Beliebig lange driften und bei ca. 45° pilken.Treibt der Pilker dabei hoch: Gewicht erhöhen

Pos.2
Mit der Daumenbremse weiter zwischen den Sprüngen Schnur geben.

Pos.1
Pilker bis zum Grund herablassen und langsam nach kleinen Pausen mit dem Pilken beginnen.

45°

Pilken.

In strömungsreichen Gewässern (Belte, Öresund) und Tiefen über 20 m kommen manchmal sogar Pilker bis zu 400 g zur Anwendung.

Man sieht: Pilker muß man in verschiedenen Gewichten bereithalten. Und nicht nur das: Auch die Form spielt eine wichtige Rolle. Es gilt ganz allgemein: Wähle schlanke, auch abgeplattete Formen in der 75- bis 100-g-Klasse. Sie sollen im Wasser nicht einfach absinken wie eine plumpe Kugel, sondern beim Abtauchen spielend hin- und herschießen. Man beobachte den Pilker! Die über 125 g schweren Pilker wählt man dagegen in plumperer, stilisierter Fischchenform, denn sie sollen schneller den Boden erreichen.

Damit die Dorsche auf den schweren Metallköder überhaupt hereinfallen, muß man ihm durch Pilken nicht nur „Leben einhauchen", sondern die Fische auch durch Reizfarben locken. Es kommt häufig vor, daß der Skipper mit seinem schönen verchromten Pilker nichts fängt, sein Junior aber mit einem knallroten Pilker Dorsch auf Dorsch hochzieht. Und, verrückt genug, schon nach zwei Angelstunden kehrt sich das Fangglück um: Nun fängt der Vater, der Junior geht leer aus, die Dorsche beißen nur noch auf den glitzernden Chrompilker!

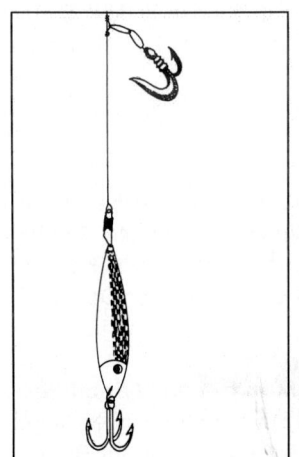

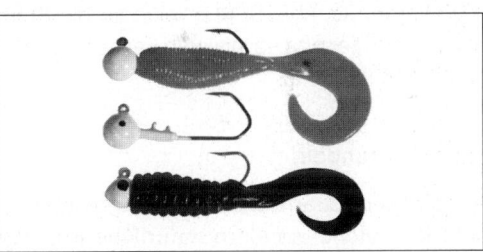

Oben: Dornen auf den Hakenschäften halten die Twister fest. Twisterschwanz und Hakenbogen müssen stets entgegengesetzt gerichtet montiert werden.

Links: Twister werden ca. 30–40 cm vom Pilker entfernt als Beihaken mit einem Abzweigknoten oder einem kleinen Abstandshalter (Swivel bead) an der Rollenschnur befestigt.

Warum das so ist, weiß bisher keiner. Deshalb muß man alle Pilkergrößen auch stets in verschiedenen Farben bereithalten und ständig die Farbe wechseln, wenn nichts beißt. Die wichtigsten Farben sind: Rot und Rötlich, kombiniert mit Silberglanz; Rot/Grün; Chromglänzend. Versagen alle Farben, dann hilft manchmal als allerletzter Versuch ein gelber Pilker. Geht auch auf diesen Pilker nichts, dann muß man zum Beifänger greifen.

Beifänger

nennt man einen Köder, der vor dem Pilker an die Rollenschnur geknüpft wird. Immer wenn der Pilker vom Grund gehoben wird, flattert der Beifänger vor ihm her. Es sieht so aus, als jage ein Fisch (der Pilker) einen Kleinfisch (den Beifänger). Das macht die Dorsche heiß: Voller Futterneid stürzen sie sich nun auf den Beifänger. Es gibt viele Ostseeangeltage, da fangen die Pilker nur einen Dorsch, der Beifänger aber fünf! Und manchmal fangen beide zugleich: eine Doublette.
Der mit Abstand beste Beifänger ist ein Bleikopftwister (s. Abb. S. 91). Damit er sich beim ständigen Heben und Senken des Pilkers nicht in der Schnur verheddert, wird er mit einem Abstandhalter (Seitenarm) oder Abzweigknoten (s. Abb. S. 115 links) an die Schnur gebunden (s. Abb. S. 91). Auch Beifänger gibt es in vielen Farben; die wichtigste Farbe ist Rot, gefolgt von Schwarz.

Naturköderangeln

Unter diesem Begriff werden alle Angelarten zusammengefaßt, bei denen nicht künstliche, sondern natürliche Köder (Würmer, Muscheln, Fische usw.; s. „Köder", S. 123 ff.) verwendet werden. Mit natürlichen Ködern kann man die gesamte Palette der Ostseefische erbeuten, auch Dorsche; die Fangchancen erhöhen sich beträchtlich.

Auf hoher See betreibt man das **_Grundangeln mit dem Bleischlitten_** (s. Abb. S. 94). Der Schlitten samt Köder wird in Luv vom treibenden Boot an der Bordwand bis zum Grund herabgelassen und bleibt am Boden

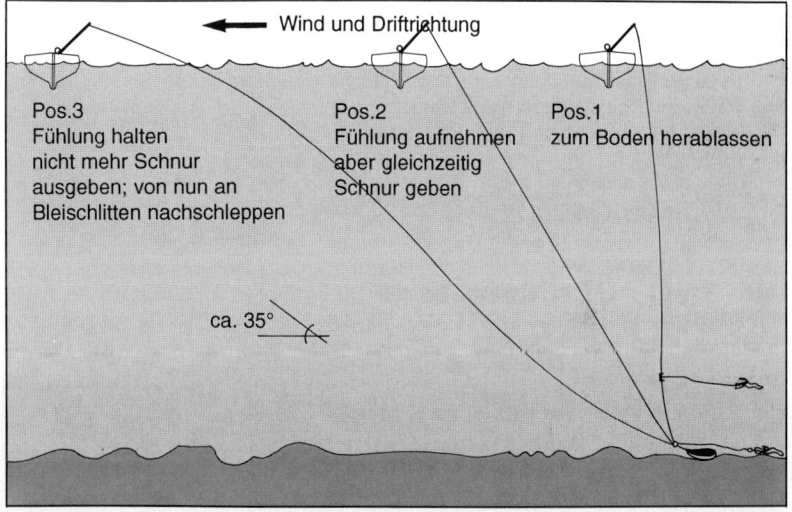

Naturköderangeln mit dem Bleischlitten vom driftenden Boot. In Pos. 1 wird die Angel auf den Grund gelegt. In Pos. 2 wird die Schnur gestrafft, mit dem Köder Fühlung aufgenommen. Bis zur Pos. 3 wird mit gelockerter Daumenbremse Schnur ausgegeben, dabei immer Fühlung gehalten. Jenseits von Pos. 3 wird der Schnurauslauf gestoppt und der Schlitten im Idealwinkel von 35° an der Luvseite nachgeschleppt.

bis die gestraffte Schnur einen Winkel von maximal 35° zur Wasseroberfläche bildet. Wieder ist es auf der Rollenschnur die Daumenbremse, mit der man den Schnurauslauf bremst und den Bleischlitten gefühlvoll über den Grund zieht. Wenn sich der Schlitten ständig vom Grund löst, muß er gegen einen schwereren ausgetauscht werden. Man benötigt deshalb Schlitten in den Gewichten 100, 200 und 400 g.

Die Köder werden mit Vorfächern an der Rollenschnur befestigt, aber nie direkt am Bleischlitten: Merke: Wer das Vorfach direkt am Blei befestigt, fängt nichts! Denn die beißenden Fische spüren den hohen Gewichtswiderstand des Schlittens und lassen den Köder wieder los.

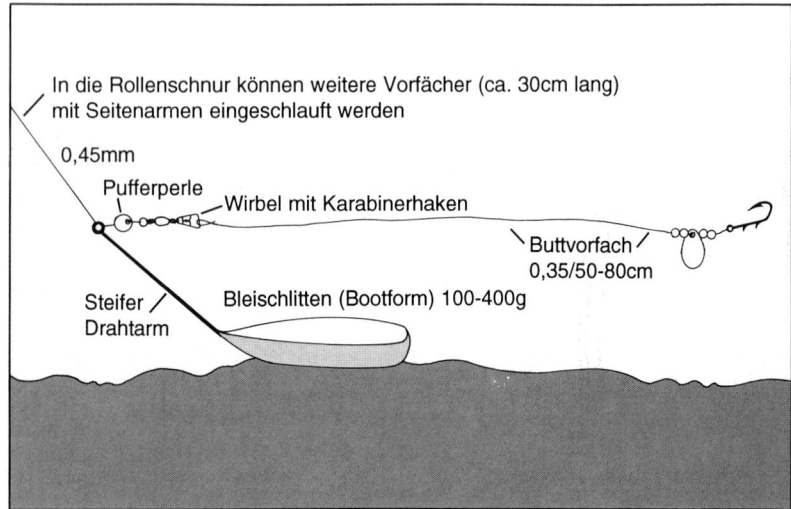

In die Rollenschnur können weitere Vorfächer (ca. 30cm lang) mit Seitenarmen eingeschlauft werden

0,45mm

Pufferperle

Wirbel mit Karabinerhaken

Buttvorfach
0,35/50-80cm

Steifer Drahtarm

Bleischlitten (Bootform) 100-400g

Grundangeln mit dem Bleischlitten (Ostsee). Der bootsförmige Bleischlitten gewähr-leistet, daß der Köder in Linie und nur wenig schwingend über den Grund geführt wird. Der Schlitten kann auch durch ein birnenförmiges Gewicht an einem Anti-Tangle-Boom, der auf der Rollenschnur gleitet, ersetzt werden. Buttvorfächer mit einem kleinen rotierenden Löffel als Locker kann man fertig montiert kaufen.

Wer seine Vorfächer aber genau so befestigt, wie in der Skizze darge-stellt, wird alle Bisse an der stramm gehaltenen Schnur spüren. Meistens fühlt man ein deutliches Zerren am Köder. Jetzt heißt es: Daumenbremse hoch, Schnur locker auslaufen lassen. Der Schlitten bleibt am Grund liegen, der Fisch hat Zeit zum Schlucken. Nach 5 bis 10 Sekunden dann: Schnurauslauf stoppen, Fühlung aufnehmen und anschlagen! Und wenn's zappelt, sofort aufdrehen.

Wattwürmer sind mit Abstand die besten Köder für diese Angelart. Da die Fische keine toten Würmer mögen, muß man die Wattwürmer alle 10 Minuten erneuern und ihnen zusätzlich „Leben" einhauchen durch kleine rotierende Löffelchen und/oder bunte Kunststoffperlen, die mit ihren Reizfarben locken. Haken verwendet man in den Größen 1/0 bis 2/0.

Mit dem Gleitfloß (Pose) angelt man auf See vom verankerten Boot, wenn im Mai/Juni die Hornhechte unter der Küste jagen. Man angelt in etwa 2 m Tiefe, wo panikartig aus dem Wasser springende Kleinfische die raubenden Hornhechte verraten. Oder man fischt in etwa 7 m Tiefe an schönen, ruhigen, sonnigen Tagen inmitten der Buchten und Förden und lockt die Hornhechte durch Anfütterung ans Boot.

Es kann manchmal eine Stunde und länger dauern, bis die Fische sich achteraus sammeln. Dann aber gelingt oftmals kurz nacheinander der Fang von mehreren fast 1 m langen Fischen. Die Fische verraten ihren Anbiß durch zügiges Abtauchen der Pose oder durch „Flachlegen" der Pose (wenn die Fische mit dem Köder und dem Blei zur Oberfläche jagen). Da Hornhechte alle Köder mit dem spitzen Hornschnabel greifen und der Köder dort keinen Halt findet, muß man mit dem Anhieb geduldig 10 bis 20 Sekunden warten. Bester Köder: Fischfetzen (s. S. 125).

In den Häfen am Liegeplatz gibt es fast immer etwas zu holen. Man angelt mit dem Endblei, einer Bleibirne von etwa 50 g und darüber geknüpftem Vorfach. Die Köder werden auf einen Haken der Größe 3 bis 4 gesteckt. Das Blei läßt man bis auf den Grund sinken, man angelt fühlend, mit dem Köder zentimeterweise auf- und abspielend, und quittiert einen Anbiß mit sofortigem Anhieb. Mit dieser *„Hafen-Universalmethode"* fängt man in Schleswig-Holstein Flundern, Seeskorpione und nachts bei Ostwind, wenn Salzwasser einläuft, auch kleine Dorsche.

Aber auch fette Aale lassen sich in den Häfen fangen. Man benutzt die gleitenden Bleibirnen, befestigt die Rute an der Reling und klemmt ein Aalglöckchen an die Rutenspitze. Wenn's bimmelt, hat ein Aal den Wurm verschluckt und sucht das Weite. Dann heißt es, in aller Ruhe die Rute losbinden und anschlagen. Besonders in der Abenddämmerung bis etwa Mitternacht lassen sich die begehrten Fische erbeuten. Für Aale benötigt man langschenkelige Haken der Größe 2 bis 4.

In den Schären Schwedens und Finnlands sowie in den Bodden der mecklenburg-vorpommerischen Küste angelt man mit dem **Gleitfloß** auf Barsche und Hechte. Die Köder (Regenwurm für Barsch und kleine Fischchen für Hecht und große Barsche) werden vom Gleitfloß etwa 1 m über dem Grund gehalten. Wurmköder werden auf Haken der Größe 3 bis 4

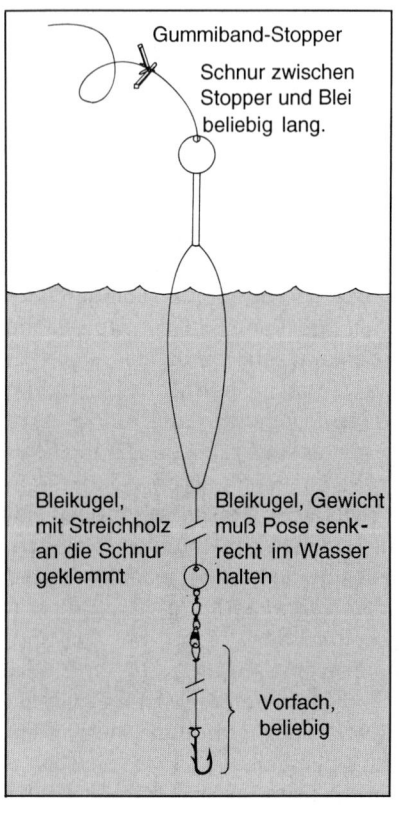

Gummiband-Stopper

Schnur zwischen Stopper und Blei beliebig lang.

Bleikugel, mit Streichholz an die Schnur geklemmt

Bleikugel, Gewicht muß Pose senkrecht im Wasser halten

Vorfach, beliebig

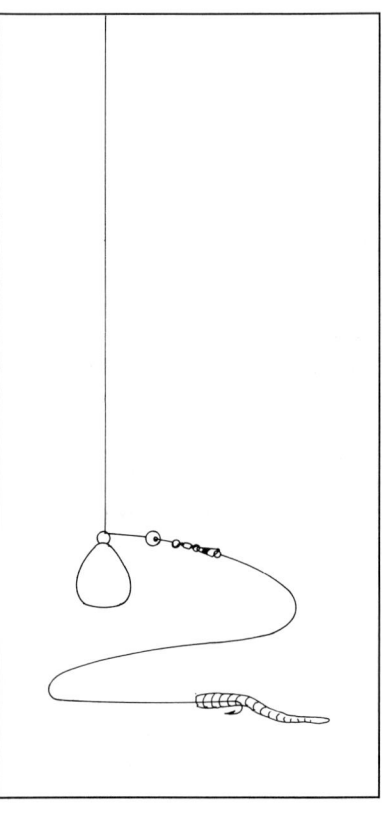

Gleitpose, Montageschema. Beim Absinken des Köders in eine beliebige Tiefe gleitet die Pose auf der Schnur bis zum Stopperknoten. Beim Einholen wird der Stopper mit der Leine auf die Rolle gewickelt, die Pose gleitet zurück zum Blei.

„Hafen-Universalmethode" (Nord- und Ostsee). Man angelt fühlend mit dem auf der Rollenschnur gleitenden Birnenblei auf dem Grund oder darüber und verwendet Wattwürmer oder Fischfetzen als Köder. Man fängt Dorsche, Flundern, Seeskorpione, auf dem Grund liegend auch Aale; in den Bodden Barsche und Süßwasserfische.

gezogen, Fischchen auf Kniehaken passender Größe gesteckt. Man angelt vom verankerten Boot oder sanft driftend, das Floß achteraus treibend.

Heringspaternoster

Das **Heringspaternoster** darf in keiner Backkiste fehlen. Heringe bevölkern inzwischen wieder in riesigen Mengen die Ostsee in allen Bereichen; Schwärme verraten sich leicht auf dem Fischfinder-Echolot. Die Paternosterangel wird einfach zum Schwarm herabgelassen, die Rollenschnur gestoppt. Dann beginnt man mit kleinen Pilkbewegungen, hebt und senkt die Rutenspitze nur etwa 10 bis 20 cm, um die kleinen Köderhaken lebend erscheinen zu lassen. Die Heringe vermuten in den glitzernden, zappelnden Häkchen große Planktontierchen, attackieren sie vehement und schlucken sie. Oft sind sämtliche Paternosterhaken mit Fischen besetzt. Man holt gehakte Heringe vorsichtig an Bord, weil die Haken beim Herausheben aus dem Wasser leicht ausschlitzen (siehe Abb. S. 120).

Schleppangeln

Die **Schleppangelei** gewinnt in der Ostsee immer größere Bedeutung. Zielfische sind in erster Linie Meerforellen, Lachs, Dorsch, Hecht und Hornhecht. Um sie zu erwischen, bedient man sich dreier Methoden:

Oberflächenschleppen nennt man die Methode, einen Köder ohne zusätzliche Beschwerung und Armierung einfach achteraus zu schleppen; der Köder läuft also an der Oberfläche. Bei 2 bis 4 kn schleppt man so in der Ostsee einen Fetzenköder und fängt küstennah von Mai bis Juni große Hornhechte. Der Köder wird am Ende des Schraubenwassers und noch weiter vom Boot entfernt angeboten. Der normale Schleppabstand liegt etwa bei der fünffachen Bootslänge. Wegen der Verdrallungsgefahr für die Schleppleine wird das Ködervorfach mit einem weiteren guten kugelgelagerten Wirbel in den Wirbel der Schleppleine gehängt. Die Rute steckt bei dieser Angelei möglichst in einem Rutenhalter und wird mit einer Leine gesichert. Die Rollenbremse stellt man auf die halbe Reißfestigkeit an. Die eingeschaltete Knarre gibt bei einem Anbiß ein akustisches Warnsignal. Vorsichtig bei kreuzenden Fahrzeugen, Warnsignal setzen (s. „Gefahr erkannt und schon gebannt", S. 131)!

Scherbrettschleppen nennt man die verfeinerte Methode, bei der ein Paravan, Diver oder Planer Board beim Schleppen zum Einsatz kommen. Diese Schleppgeräte sollen den Köder tiefer führen und durch Scherwirkung seitlich achteraus halten. Vorteil: Man erreicht scheue Fische, die das Schraubenwasser meiden und tief stehen. Man könnte sogar ohne Verhedderungsgefahr für die Schleppköder back- und steuerbords mit zwei Ruten schleppen, wenn man Schergeräte benutzt, die Gewichts- und/oder Einhängepositionsverlagerungen gestatten. Dadurch lassen sich die Tiefe wie auch der seitliche Abstand beliebig beeinflussen. Guten Geräten – jährlich kommen neue Muster auf den Markt – liegen Tabellen bei, aus denen man die gewünschten Positionen ablesen kann.

Bei dieser Methode gehört die Rute unbedingt in eine sichere Halterung, denn der Schleppdruck ist wesentlich höher als beim Oberflächenschleppen. Das Ködervorfach wird wiederum mit einem Wirbel in das Schergerät eingehängt. Beißt ein Fisch, kommt der Clou: Die Scherbrettstellung ändert sich, die Scherwirkung erlischt, das Gerät kommt samt Fisch an die Oberfläche!

In der Ostsee fängt man so mit schlanken, gut „spielenden" Blinkern küstennah in halber Wassertiefe Meerforellen und Lachse. Das gilt besonders für die dänische Inselwelt einschließlich Bornholm. Rund um Fünen werden alljährlich viele hunderttausend Meerforellen als Besatz in die Ostsee eingebracht. Man schleppt mit 2 bis 4 kn und mit gleichen Abständen vom Boot wie beim Oberflächenschleppen (und kürzeren, s. Tabelle). Da Meerforellen besonders in den Dämmerungszeiten aktiv sind und dann besonders gern in den flachsten küstennahen Gewässerabschnitten jagen, haben Spezialisten das Schleppen mit dem Mini-Disk ausgetüftelt. Dieses scheibenförmige, sehr kleine Schergerät läßt sich knapp unter der Oberfläche sehr weit querab vom Boot führen. Dadurch erreicht man bei vorsichtiger Fahrt im untiefen Wasser die ganz flachen (1 bis 4 m) Küstenabschnitte. Dort erhöhen sich die Fangchancen für Meerforellen ganz erheblich (aber nur, wie gesagt, in Dämmerungszeiten, man beginnt etwa eine Stunde vor Sonnenuntergang).

Vor den Schärengürteln Schwedens und Finnlands fängt man mit der Scherbrettmethode knapp über dem Grund bei 1 bis 3 kn Fahrt schöne Hechte. Als Köder verwendet man bevorzugt große Wobbler. Mit Blinkern fischt man bei 2 bis 4 kn.

Tauchtiefe beim Scherbrettschleppen

Die Tauchtiefe von Parvans, Planer Boards und Divers sind abhängig vom Durchmesser der Schleppleine, der Bauart und dem Gewicht des Schergerätes sowie von der Länge der ausgegebenen Leine. Guten Geräten ist eine Tabelle beigefügt. Als Musterbeispiel nachfolgend die Daten des Gerätes PINK LADY (s. S. 100, Go Fishing/Odense/Dänemark).

Für Schnurstärke 0,40 bis 0,45 mm und normale Schleppgeschwindigkeit:

Ausgegebene Leine in m	7,6	15,2	22,9	30,5	45,7	61,0	76,2
Damit erreichte Tiefe in m — Gerätegröße 0	5,2	9,8	13,7	16,8	19,2		
Gerätegröße 1	5,2	10,0	14,6	18,9	26,2	30,2	30,8
Gerätegröße 2	5,5	10,7	15,5	20,1	28,3	35,4	49,1

Tiefenschleppen mit Downriggern ist die dritte und professionellste Methode der modernen Schleppangelei. Denn mit dieser Methode erreicht man auch in Bootsnähe die großen Tiefen, in denen kapitale Fische am Tage stehen. Der Downrigger besteht aus einer großdimensionierten Rolle mit Stahlleine und austauschbaren Schleppgewichten bis zu 6 kg. Damit wird wie folgt geangelt (s. auch Abb. S. 101):

Die beköderte Angelschnur wird etwa 5 bis 6 m bei langsamer Voraus-

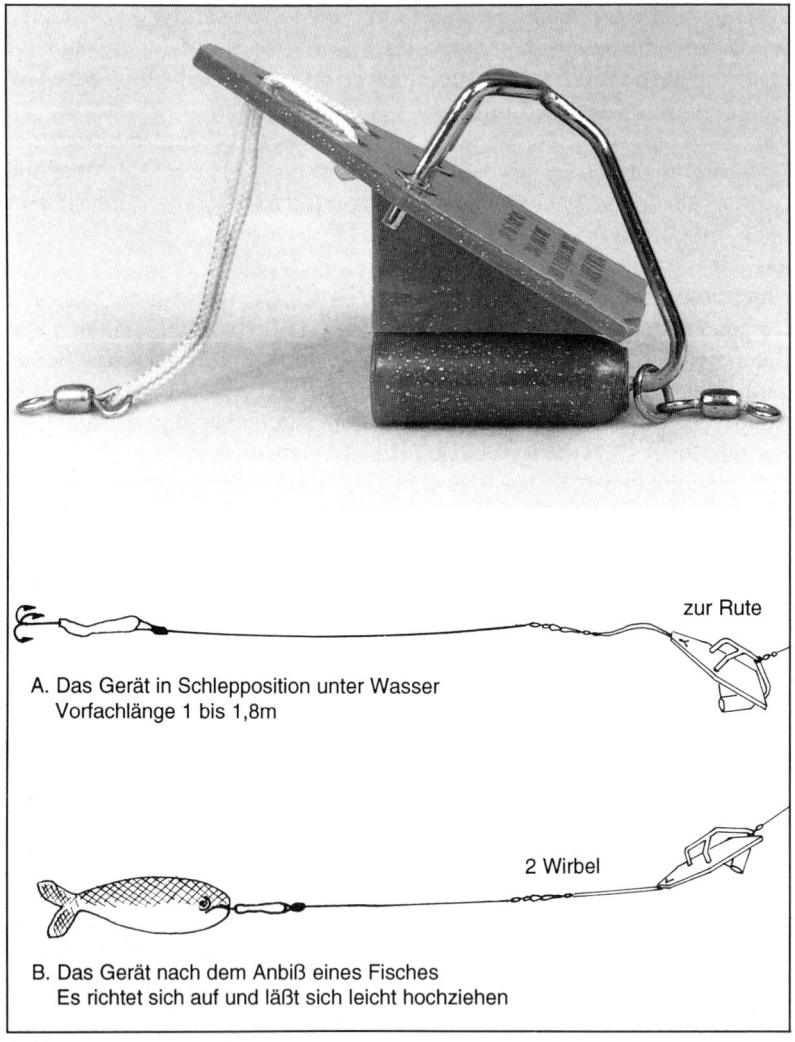

zur Rute

A. Das Gerät in Schleppposition unter Wasser
   Vorfachlänge 1 bis 1,8m

2 Wirbel

B. Das Gerät nach dem Anbiß eines Fisches
   Es richtet sich auf und läßt sich leicht hochziehen

Schleppgerät PINK LADY.

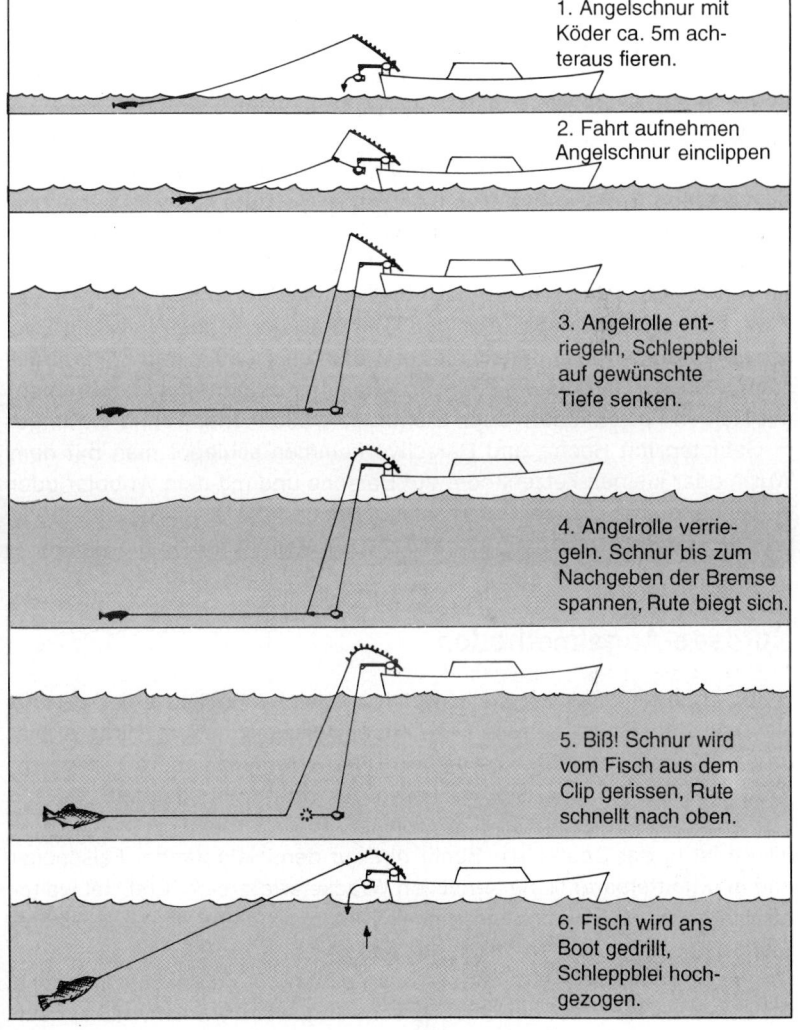

1. Angelschnur mit Köder ca. 5m achteraus fieren.

2. Fahrt aufnehmen Angelschnur einclippen

3. Angelrolle entriegeln, Schleppblei auf gewünschte Tiefe senken.

4. Angelrolle verriegeln. Schnur bis zum Nachgeben der Bremse spannen, Rute biegt sich.

5. Biß! Schnur wird vom Fisch aus dem Clip gerissen, Rute schnellt nach oben.

6. Fisch wird ans Boot gedrillt, Schleppblei hochgezogen.

So angelt man mit dem Tiefenschleppgerät (Downrigger).

fahrt achteraus gefiert und dann in die kurze Clipleine, die am Riggergewicht hängt, eingeklemmt, und zwar so, daß sie bei einem kräftigen Anbiß sofort aus dem Clip herausrutscht. Nun wird das Gewicht samt Clip und Köder in die gewünschte Tiefe gefiert und Schleppfahrt aufgenommen. Zuletzt – dies ist sehr wichtig! – wird die Spannung der Angelleine mit der Rolle durch Eindrehen so lange erhöht, bis sie wegen Überschreitens der eingestellten Bremskraft abzulaufen droht. Die Rute soll sich dabei biegen. Sinn der letztgenannten Übung: Bei einem Anbiß soll die Rute hochschnellen und den Haken in den Fisch treiben.

So vorbereitet, schleppt man bei 1 bis 2 kn Wobbler und Fischfetzen, bei 2 bis 4 kn Blinker knapp über den Grund. Dabei können mit dem 6 kg schweren Schleppblei ohne weiteres Tiefen bis zu 30 m und mehr abgesucht werden. Hauptbeute sind Dorsche, aber auch große Meerforellen, mit kleinen Fetzenködern auch Steinbutt, große Flundern und Wittlinge. In Gebieten mit Hecht- und Barschvorkommen schleppt man mit dem Wurm oder kleinen Fetzenköder auf Barsche und mit dem Wobbler oder einem handlangen toten Köderfisch auf Hechte. Die Downriggermethode bringt beim Schleppen mit Abstand die meisten Fische an die Haken.

Nordsee-Angelmethoden

Jeder erfahrene Skipper weiß, welch ungleiche Schwestern Ost- und Nordsee sind. So ist es auch beim Angeln: Alles ist anders. Höhere See, größere Tiefen und reißend laufende Tiden erfordern andere Techniken. Skagerrak und Kattegat sind in diesem Abschnitt mitbehandelt.

Pilken ist in der Deutschen Bucht nur auf dem Helgoländer Felssockel und in unmittelbarer Nähe der vielen Wracke erfolgreich. Erst viel weiter nördlich, querab Hanstholm/Hirtshals/Dänemark, lohnt sich die Pilkerei wieder, ebenso in weiten Teilen des Kattegats.

Man angelt mit dem Pilker in der Nordsee nicht so weit nachschleppend wie in der Ostsee. Der Pilker muß so schwer gewählt werden, daß er nach dem Auswerfen nur höchstens 20 Sekunden bis zur Bodenberührung benötigt. Bei Helgoland dürfen es sogar nur höchstens 10 Sekunden sein. Nur so ist gewährleistet, daß mit dem Pilken schon begonnen werden kann, wenn der Pilker noch fast unter dem Boot liegt.

Bei Helgoland muß man wegen des meterhohen Tangbewuchses so rasch mit dem Pilken beginnen. Ließe man den Pilker weit achteraus treiben, so würde dieser beim Pilken und Einholen wie ein Rechen durch die Pflanzen ziehen und ständig festsitzen. In den übrigen Nordseegebieten wird in 40 bis 60 m Tiefe gepilkt, so daß man bei einem weiten Achteraustreiben des Pilkers den unmittelbaren Kontakt zu ihm und das Gefühl für ihn verlöre.

Also: In der Nordsee runter mit dem schweren (100 bis 200 g, ab 30 m und bei schneller Drift bis 400 g) Pilker und sofort bei Grundberührung mit den Pilkbewegungen beginnen. Sobald der Pilker unter einem Schnurwinkel von mehr als 50° achteraus liegt, heißt es einholen und erneut an der Bordwand absinken lassen. Nur im südlichen und mittleren Kattegat läßt sich die Ostsee-Pilkmethode anwenden (s. dort).

Naturköderangeln

Viel erfolgreicher ist das **Naturköderangeln** in der Nordsee. Universalköder ist der Wattwurm, mit dem man alle Fischarten erbeuten kann. Vor der holländischen und deutschen Küste angelt man jenseits der 20-m-Tiefenlinie vom verankerten Boot. Vor der jütländischen Küste sowie im Kattegat angelt man dagegen vom treibenden Boot, insbesondere wenn Drift und Tidenstrom nicht zu hart laufen.

In allen Fällen wird auf dem Grund mit dem Bleischlitten geangelt. Das Vorfach mit dem Köder wird oberhalb des Bleies mit einem Seitenarm an der Hauptschnur befestigt. Die Montage (s. Abb. S. 104) erlaubt ein rasches Wechseln der Bleigewichte und Austauschen der Vorfächer. Auch hier wird das Vorfach stets dünner als die Rollenschnur gewählt. Hängt der Haken irgendwo fest, dann reißt das Vorfach, der Bleischlitten bleibt erhalten.

Das Bleigewicht wählt man so, daß es sich beim Ankern gut auf dem Grund halten läßt und beim Treiben über den Grund furcht. Läuft beim

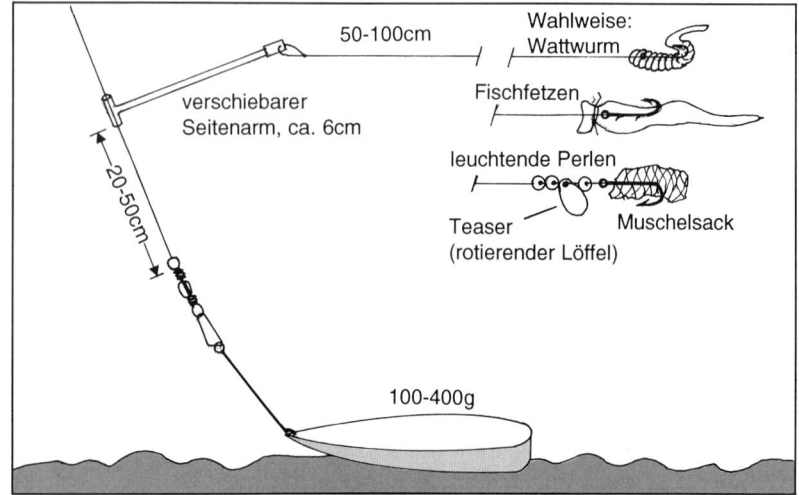

Grundangeln mit dem Bleischlitten (Nordsee). Die Montage ist ähnlich wie bei den Ostseeanglern, jedoch läßt sich durch den Seitenarm das beköderte Vorfach bei Bedarf höher schieben, z. B. über Tang und Seegras.

Treiben die Rollenschnur unter einem Winkel von ca. 60° achteraus, dann ist das Blei zu leicht und muß gegen ein schwereres ausgetauscht werden. Schwoit das Boot hart vor dem Anker, muß man ständig die Schnurlänge dem am Grund liegenden Blei anpassen, also ständig etwas Schnur einholen oder ausgeben und dabei den Kontakt zum Köder über die gestraffte Schnur erhalten; anderenfalls spürte man keinen Anbiß.

Bei dieser Angelei kann man in der Nordsee auf reiche Beute hoffen, ganz besonders bei auflaufender Flut. Flundern, Klieschen, ja sogar Schollen, Dorsche, Wittlinge und Knurrhähne gehen an die Angel. Auch Hundshaie können an den Haken gehen, wenn man die Angelei beim Ebbstrom von der hohen See an die Prilausläufe vor die Barren der Friesischen Inseln verlegt. Allerdings muß man dann ein Stahlvorfach, einen Haken der Größe 5/0 und als Köder eine halbierte kleine Makrele verwenden.

Makrelenpaternoster (s. Abb. S. 120)

gehören unbedingt zur Ausrüstung des Nordseeskippers. Die flinken Mini-Thunfische erscheinen Ende Mai als Sommergäste in großen Schwärmen in der Nordsee; raubende Möwen weisen den Weg. Wo Möwen ins Wasser stürzen oder das Fischfinder-Echolot Schwärme anzeigt, bringt man vom treibenden Boot das Paternoster in Luv außenbords und läßt es unter stetiger Schnurspannung ins Wasser gleiten. Meistens stehen die Makrelen in halber Wassertiefe und stürzen sich wie die Berserker auf die bunten Imitationen des Paternosters. Oft gelingt es, gleich zwei, drei oder gar sechs Fische auf einen Schlag zu erbeuten. Das Paternoster muß ständig in Bewegung gehalten werden, damit die Makrelen stets glauben, einen Kleinfischschwarm vor sich zu haben.

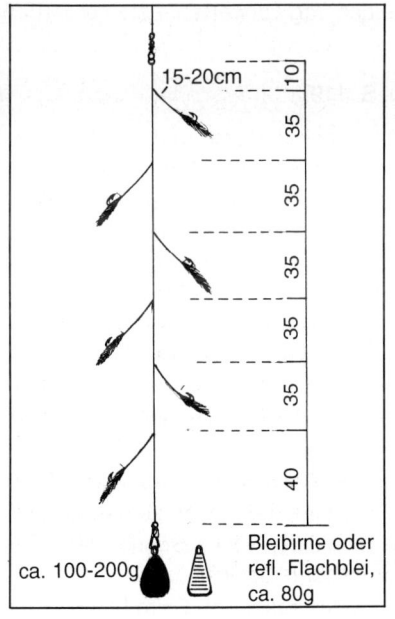

Makrelenpaternoster, Aufbauprinzip. Die Gesamtlänge des Paternosters muß kürzer als die Rute sein. Man verwendet maximal sechs Köder.

105

Kaum hat man ein paar Makrelen gefangen, ist der Schwarm oftmals auch schon wieder verschwunden. Da hilft nur auf Ausguck zu gehen und die Möwen zu beobachten. Makrelen ziehen rasend schnell, nach nur wenigen Minuten können sie schon in einer halben Meile Abstand wieder auftauchen, also: hinterher!

Hin und wieder fängt man mit der Paternostermethode neben Makrelen auch Stöcker. Guter Rat: Halten Sie beide Fischarten in der behandschuhten Hand, wenn Sie den Haken lösen. Die Makrele hat einen sehr scharfen Dorn an der Analöffnung, der Stöcker ist ein einziges Stachelpaket. Ganz wichtig, und schon an anderer Stelle erwähnt: Makrelen müssen unmittelbar nach dem Fang ausgeweidet werden, durch Kehlschnitt muß das Blut aus dem Körper laufen. Aber die Schlachtungsabfälle nicht ins Wasser werfen, sonst füttert man die Möwen ans Boot. Die Möwen sollen statt dessen auf der See die Makrelen suchen! Die sauber gespülten, abgetrockneten Fische sofort kühl lagern, noch am selben Tag verwerten – sie verderben schnell!

Das Gummimark-Paternoster (s. Abb. S. 119)

In der nördlichen Nordsee vor der jütländischen Küste und im Skagerrak ist ein weiteres Paternostervorfach im Gebrauch: das Gummimark-Paternoster. Es kam aus Norwegen zu uns und besteht aus lauter Einzelhaken, die mit bunten, elastischen Kunststoffschläuchen verkleidet sind. Die vor Jütlands Küste vermehrt auftretenden Köhler sind ganz verrückt nach diesen Ködern, sogar die Makrelen beißen darauf. Auch Köhler stehen im Mittelwasser, aber meist tiefer als Makrelen. Man findet sie hauptsächlich über Bänken und Bergen weit draußen auf der hohen See, so z. B. über dem 13 m tiefen Südriff der Doggerbank 80 sm querab von Flamborough Head vor der englischen Ostküste oder über dem bereits erwähnten „Gelben Riff" querab Hirtshals.

Das Gummimark-Paternoster wird wie die Rollenschnur tragend (15 kg) gewählt. Denn die Köhler können groß werden und zählen zu den allerwildesten Fischen unserer Küsten. Eine blockierte 15-kg-Schnur zerreißen sie im ersten Anlauf, also: Die Bremse passend lockern.

Die **Schleppangelei** wird in der Nordsee kaum ausgeübt. Beim Törnen kann es aber von Juni bis August sinnvoll sein, mit der Scherbrett-Schlepp-methode (s. „Ostsee-Angelmethoden", S. 98) in ca. 7 m Tiefe einen Fetzenköder oder kleinen Blinker nachzuschleppen. Man fängt dabei Makrelen.

Mittelmeer-Angelmethoden

Über 500 Fischarten bevölkern das Mittelmeer – eine unerhörte Vielfalt, vergleicht man sie mit der „armen" Ostsee, die nur mit rund einem Zehntel davon aufwarten kann. Anglerisch aber ist die Ostsee ergiebiger, denn die wenigen Arten kommen in großer Individuenzahl vor, bilden große Schwärme und sind viel „beißfreudiger" als die Mittelmeerfische. Die Flossenträger im sonnigen Süden leben entlang der Küste zwar in kleinen Trupps, aber nie in großen Schwärmen (die gibt es nur auf der hohen See: Makrelen, Sardinen usw.). Überdies sind alle Fischarten hier scheu und vorsichtig, leben tagsüber meistens in Verstecken und beäugen argwöhnisch jeden vorbeitreibenden Köder; dicke Schnüre als Vorfächer und allzu große Haken werden verschmäht, auf Unruhe an Bord, auf den dumpfen Schlag eines herabfallenden Gegenstandes im Boot reagieren sie sofort mit Flucht.

Ferner sind fast alle Küstenstreifen stark überfischt. In manchen Gebieten wurden ganze Fischpopulationen durch Dynamitfischerei ausgelöscht. Bedenkt man, daß die meisten Mittelmeerfische sehr langsam wachsen – ein 35 bis 40 cm großer Meerbrassen ist zwischen 10 und 20 Jahre alt! –, kann man ermessen, wie lange es dauert, bis solche Gebiete wieder mit fangfähigen Fischen besiedelt sind. Auch die hemmungslose Verschmutzung durch Abwässer in der Nähe größerer Küstenorte hat viele Meeresbereiche biologisch verarmen lassen.

Der Mittelmeerskipper mit Geduld und Gespür wird dennoch immer ein paar Fische fangen. Es lohnt sich in jedem Fall, denn sie sind allesamt köstliche Leckereien und einfach in der Kombüse zu verarbeiten.

Naturköderangelei

Über 90% aller Fische werden im Mittelmeer mit natürlichen Ködern gefangen. Topköder ist der Seeringelwurm (Gattung Eunicidae). Einige Arten, die namentlich in der Adria zu finden sind, werden bis zu 80 cm lang. Sie werden in mondhellen Nächten gesammelt und von jungen Burschen auf den Fischmärkten als Köderwurm verkauft. Die Würmer werden kühl zwischen feuchtem Seewassertang und Sand gehältert und stückweise verangelt. Dazu trennt man jeweils passende Stücke, vom Schwanz beginnend, vom Wurm ab. Das Kopfende überlebt diese Prozedur ohne Probleme, denn auch auf natürliche Weise lösen sich ganze Segmente ab, etwa beim Laichen oder bei Gefahr.

Miesmuscheln sind als Köder fast genauso gut geeignet. Auch sie lassen sich an Bord hältern und werden in Muschelsäckchen als Köder angeboten. Sardinenfleisch in maulgerechten Happen ist ein Universalköder. Frische, feste Sardinen sind überall auf den morgendlichen Fischmärkten zu erhalten. Das Fleisch wird schnell weich und muß unbedingt gekühlt aufbewahrt werden. Zerstampftes Sardinenfleisch gilt als bestes Lockfutter für alle Fische. Tintenfische, auf den Märkten ebenfalls fast immer zu bekommen, sind wirkungsvolle Köder, wenn man sie in fingerlanger, zugeschnittener Fischchenform in strömungsreichem oder bewegtem Wasser (Brandungslinie!) anbietet.

Alle Angelmethoden werden vom verankerten Boot angewandt. Die beste Angelzeit beginnt etwa eine Stunde vor Sonnenuntergang und dauert bis Mitternacht; auch die Morgendämmerung eignet sich gut. Bei gleißendem Sonnenschein ist die Naturköderangelei oberhalb der 50-m-Tiefenlinie fast zwecklos. In dieser Zeit lohnt sich nur die Schlepp- und Gleitfloßangelei auf hoher See (s. unten).

Mit dem Grundblei und darüber montierten Haken wird am häufigsten geangelt. Ans Ende der Rollenschnur wird ein ausreichend schweres birnenförmiges Blei (50 bis 400 g) in den Karabinerhaken gehängt. Darüber werden in die Rollenschnur Seitenarme eingeschlauft und in diese Arme die eigentlichen Vorfächer mit den Haken eingehängt (s. Abb. S. 109).

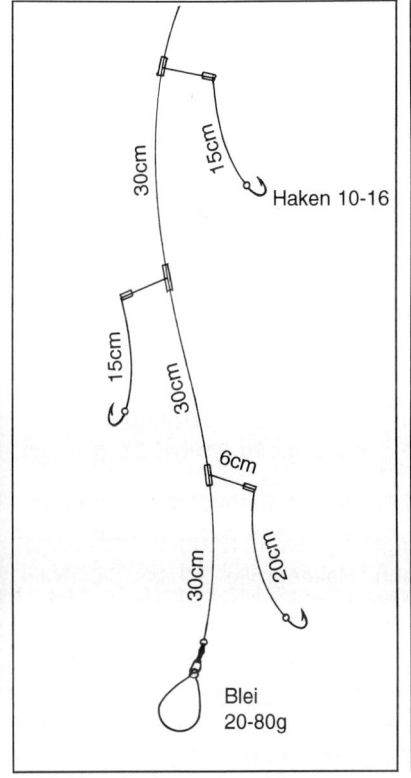

„*Hafen-Universalmethode*" – *Mittelmeer. Ein Birnenblei wird direkt an die Rollenschnur gehängt, und mehrere Seitenarme werden als Paternoster darüber in der Schnur befestigt. In die Seitenarme hängt man dünne (0,20 mm) Vorfächer mit kleinen Haken. Mit Sardinenfleisch, Tintenfisch- oder Muschelstückchen fängt man beim leichten Auf- und Ab-Bewegen Meerbrassen, Meerbarben, Meeräschen, Seeskorpione.*

Montage eines Seitenarms (aus Kunststoff). Die Rollenschnur wird mindestens zweimal durch die Hülse geführt; so kann der Arm verschiebbar verwendet werden. Das Vorfach wird mit einer Schlaufe in den Arm gehängt und durch eine Schiebehülse gesichert. Daneben gibt es viele weitere kürzere und längere Seitenarme.

Hakengröße und Schnurdicke entscheiden über den Angelerfolg. Grundregel: je kleiner und feiner, desto fängiger. Natürlich sind der Verfeinerung durch die Größen der zu erwartenden Fische Grenzen gesetzt; eine meterlange Muräne macht mit einer dünnen Angelschnur kurzen Prozeß, gleich beim ersten Ruck wird die Schnur reißen. Hier ein paar Eckdaten über Schnurstärken und Hakengrößen:

bis 10 m tief (Häfen, Küste) mit der „Hafen-Universalmethode":

> Vorfach 0,20 mm, Hakengröße 10 bis 16 (Barben, Äschen, Brassen)

bis 30 m tief, Felsgrund:

> Vorfach 0,20, Hakengröße 6 bis 12 (Meerbrassen u. a.)

über 30 m tief, Felsgrund:

> Vorfach 0,25 mm, Hakengröße 4 bis 8 (Meerbrassen u. a.)
>
> Vorfach bis 15 kg (Stahl), Hakengröße 3/0 bis 5/0 (Conger, Haie, Muränen)

alle Tiefen, Sand- und Schlickgrund:

> Vorfach 0,25 mm, Hakengröße 6 bis 10 (Barben, Plattfische)
>
> Vorfach bis 15 kg (Stahl), Hakengröße 3/0 bis 5/0 (Haie, Rochen)

Mit dem Geitfloß angelt man überall dort, wo es gilt, den Köder in halber Wassertiefe anzubieten. Dort lauern die Raubfische, die ständig Jagd auf die kleinen Schwarmfische (Sardinen, Sardellen, Jungfische) machen. Überall dort, wo übers Wasser fliehende Kleinfische die tiefer stehenden Räuber verraten, lohnt es sich, die Gleitfloßangel auszubringen. Im Flachwasser (bis 100 m) ist es ratsam zu ankern; auf hoher See muß natürlich gedriftet werden, aber in beiden Fällen wird die Gleitfloßangelei auf Mittelwasserfische mit ständigem Anfüttern (zerriebenes Sardinenfleisch, s. Abb. S. 87) begleitet.

Makrelen und Hornhechte fängt man in der Regel in 7 bis 10 m Tiefe; man verwendet Schnüre der Stärke 0,30 mm mit Haken Größe 1/0 bis 2 an 30 g tragenden Gleitposen.

In 15 bis 30 m Tiefe erbeutet man Blaufische und Stachelmakrelen, benutzt 0,35-mm-Schnüre und Haken der Größe 1/0 sowie 40 g tragende

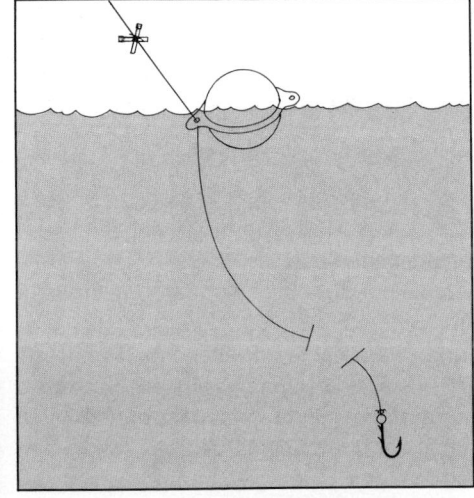

Wasserkugel, Montageschema. Die Kugel wird so weit mit Wasser gefüllt, bis sie halb ins Wasser eintaucht. Sie gleitet auf der Schnur bis zu einem Stopper, der die gewünschte maximale Tiefe markiert. Das dünne Vorfach wird nur mit einer Schlaufe an der Rollenschnur befestigt – kein Wirbel, kein Bleigewicht stört so das langsame, natürliche Absinken des Köders.

Gleitposen. In derselben Tiefe stehen auch oft Dornhairudel. Um sie sicher fangen zu können, benötigt man ein 15 kg tragendes Stahlvorfach und Hakengröße 4/0.

Mit der roten Wasserkugel angelt man am Gischtsaum auf Meerbrassen. Die Kugel wird gleitend oder fest auf der Rollenschnur montiert. Das 2 m lange Vorfach wird 0,20 mm dünn gewählt, und es werden Haken der Größe 8 bis 10 verwendet. Mit der farblosen, für die Fische fast unsichtbaren Wasserkugel angelt man im Klarwasser, mit der weißen Kugel nachts und in Häfen beim Schein von Laternen. Man montiert sie gleitend, damit der Köder etwa 1 m über dem Grund gehalten werden kann, und verwendet das zuvor empfohlene feine Vorfach.

Aus der Hand angelt man mit der Haspel und 0,30 mm dicker Schnur auf Meeräschen in den Häfen. Als Beschwerung dient nur ein kleiner Karabinerwirbel, in den das 0,20 mm dünne Vorfach mit Haken Größe 14 bis 16 eingehängt wird (Vorfachlänge ca. 1 m). Man lockt die Meeräschen mit Brot oder zermustem Sardinenfleisch ans Boot und angelt mit kirschkerngroßen Ködern aus dem Lockfutter. Die Landung der wild kämpfenden Äschen ist sehr heikel und will geübt sein.

Mit dem Paternoster

angelt man auf Makrelen und Stöcker. Das Paternosterangeln unterscheidet sich von der Gleitfloßangelei auf dieselben Fische in erster Linie dadurch, daß man mit etwas Glück nicht nur einen, sondern gleich mehrere der Raubfische fangen kann.

Verwendet werden etwa 2 m lange Paternostervorfächer (0,35 mm) mit bis zu sechs Haken der Größe 2 bis 4, die mit Vorfächern von etwa gleicher Stärke über Seitenarme mit dem Hauptvorfach verbunden sind (s. Abb. S. 105). Das Endblei (100 g) kann mit Lockfarbe, z. B. rot, bemalt sein. Die Haken werden mit fingerlangen, dünn geschabten Fetzen aus Tintenfischen oder Bauchlappen aus Makrelen beködert. Manche Angler bestücken nur jeden zweiten Haken so, die restlichen Haken verkleiden sie mit Glitzerfäden, kleinen, beweglichen, blitzenden Löffelchen oder bunten Federn – man weiß eben nie, worauf die Fische gerade Appetit haben.

Auch mit dem Paternoster sucht man die Makrelen in etwa 7 bis 10 m Wassertiefe.

Schleppangeln

ist im Mittelmeer immer sinnvoll beim Kreuzen auf hoher See. Einen Köder sollte man immer nach der Methode des ***Oberflächenschleppens*** (s. „Ostsee-Angelmethoden", S. 97 ff.) achteraus laufen lassen, nur bei Fahrt unter 3 kn lohnt es sich im Mittelmeer nicht. Mit der in diesem Buch empfohlenen Ruten/Rollenkombination und 0,45 mm dicker Schnur von ca. 15 kg Tragkraft lassen sich so im Mittelmeer die großen räuberischen Hochseefische fangen. Man benutzt farbige Jigs und fängt damit Blaufische, Thunfischartige und Stachelmakrelen; mit Fetzenköder oder kleinfingerlangen Blinkern auch Makrelen. Nur die Riesenthunfische, die es im Mittelmeer jenseits der 100-kg-Marke gibt, kann man mit der oben beschriebenen Ausrüstung nicht besiegen. Solche Fische ziehen die viel zu dünne Leine spielend und vollständig von der gebremsten Rolle und verschwinden auf Nimmerwiedersehen. Um solche Riesen zu erbeuten, benötigt man Geräte des Big Game Angelns mit bis zu 60 kg tragender Leine von 800 m Länge und mehr.

Noch effektiver als das Oberflächenschleppen erweist sich im Mittelmeer das **Tiefenschleppen** mit Downriggern (s. „Ostsee-Angelmethoden", S. 99 ff.). Denn meistens stehen die räuberischen Mittelmeerfische im klaren Wasser bei hellem Sonnenschein nicht an der Oberfläche, sondern tiefer. Man schleppt bei etwa 4 kn mit einem 6-kg-Bleigewicht 20 bis 30 m tief in der offenen See, bei 2 bis 3 kn noch tiefer in der Nähe von steil abfallenden Riffs oder in Grundnähe. Selbst in solchen Tiefen ist die Sicht oft so gut, daß die Fische einem Köder lange Zeit aufmerksam folgen und ihn beobachten; was ihnen nicht geheuer ist, wird verschmäht. Frische, „duftende" Fischfetzen erweisen sich wieder als beste Köder, aber auch Blinker und Wobbler werden von den Fischen attackiert. Allerdings weiß man nie: Wollen sie nun rote, blaue oder chromglänzende Köder, muß man langsam oder schneller schleppen. Und die Methode, die sich schließlich als erfolgreich erwiesen hat, kann Stunden später wieder keine Wirkung zeigen – Fische sind scheu, schlau und wählerisch!

Bei allen Schleppmethoden gilt auch im Mittelmeer: Die Rollenbremse, etwa auf halbe Schnurtragkraft eingestellt, muß eingekuppelt sein. Beißt ein Fisch, dann hakt er sich wegen des Bremswiderstandes von selbst. Der Fisch rast davon, kann die Schnur aber nicht zerreißen, weil die Bremse seiner Kraft zeitweilig nachgibt. Je nach Kraft und Größe eines Fisches können 50, 100 oder 150 m Schnur von der Rolle gezogen werden. Erst dann, völlig erschöpft, dreht der Fisch um und folgt dem Bootskurs (Fahrt wegnehmen!). Jetzt heißt es, verlorene Schnur schnell wieder eindrehen. Hängt der Downrigger noch draußen, dann schnell hochdrehen, damit sich der rasende Fisch nicht in der Riggerleine verfängt.

Gut geknotet – halb gefangen

Längst hat es sich auch unter Anglern herumgesprochen, daß man für die Praxis nur einige wenige Knoten benötigt. Und einem „knotenerprobten" Skipper wird es nicht viel ausmachen, neben einem Palstek oder Spleißknoten noch ein paar Angelknoten zu erlernen.

Bei den notwendigen dünnen Angelschnüren ist es wichtig, daß ein Knoten die Tragkraft nicht zu sehr mindert. Die hier vorgestellten Knoten gewährleisten alle mindestens 80% der Schnurtragkraft. Es hat sich bewährt, die monofilen Kunststoffschnüre vor dem Knoten anzufeuchten, die Schnur wird dann geschmeidiger. Man achte darauf, daß nicht mehr und nicht weniger Windungen als angegeben gelegt werden. Erst wenn alle Windungen und Schlingen richtig liegen, wird langsam zusammengezogen; was nicht genau gelungen ist, wird abgeschnitten. Man überprüfe auch die Anbindungsstellen: Gratige oder scharfkantige Haken- oder Wirbelenden gilt es auszumustern. Auch die Angelschnur, auf den ersten Metern am stärksten beansprucht, sollte stets befühlt werden; beschädigte oder gequetschte Bereiche schneidet man ab.

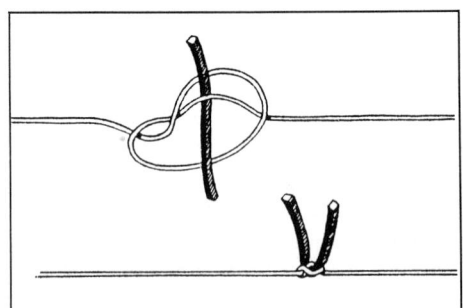

Stopperknoten mit Gummiband. In die Schnur wird ein Scheinknoten gelegt und darin ein Stückchen Gummiband verklemmt. Beim Strammziehen verknotet sich das Gummiband, fungiert fortan als Stopper und läßt sich auf der Angelschnur verschieben.

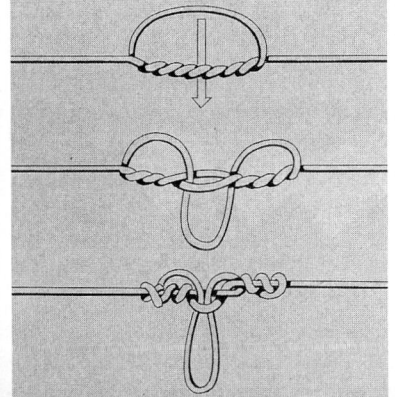

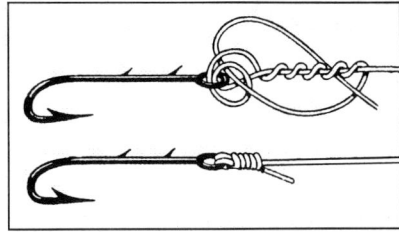

Zwei-Schlingen-Clinchknoten für das Anbinden von Haken und Wirbeln.

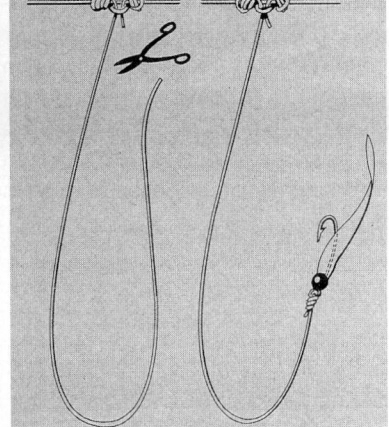

Rollenachsknoten, zur Befestigung der Leine auf der Achse der Angelrolle.

Der Abzweigknoten wird an Stelle von Seitenarmen beim Binden von Paternostervorfächern oder für das Anbinden von Beifängern beim Pilken verwendet.

Köder

Künstliche Köder

Unbegrenzt haltbar, in allen Größen, Farben, Formen lieferbar und die Finger wie auch das Boot nie verschmutzend – das sind die Vorteile künstlicher Köder. Von der Industrie werden sie in vielen tausend Mustern angeboten. Aber nur wenige Köder werden für das Meeresangeln in Nord- und Ostsee benötigt. An der Spitze stehen Pilker, mit denen 90% aller Dorsche gefangen werden, gefolgt von Paternosterködern, mit denen überaus erfolgreich im Sommer Makrelen in der Nordsee und ganzjährig Heringe in der Ostsee erbeutet werden. Im Mittelmeer sind Pilker sinnlos und Paternoster aus Kunstködern kaum brauchbar. An ihre Stelle treten Schleppköder und natürliche Köder. Hier eine Auflistung dessen, was in die Tackle box des angelnden Skippers gehört.

Pilker

Sie sind der wichtigste und meist unfehlbare Köder zum Fang der begehrten Dorsche. Man benötigt ein Sortiment von Pilkern, um sich den stets wechselnden Bedingungen anpassen zu können. Die Auswahlkriterien sind:
Form und Gewicht: abgeplattete, gut im Wasser „spielende", beim Absinken hin- und herschießende Formen in den Gewichten 75 bis 125 g; plumpere, rasch sinkende, glatt lackierte Formen mit Gewichten von 125 bis 200 g. Für die großen Belt- und Sundtiefen der Ostsee mit harten Strömungen sowie für die Nordsee bei Tiefen über 40 m und schneller Drift benötigt man sogar zeitweilig Pilker von 300 oder gar 400 g.

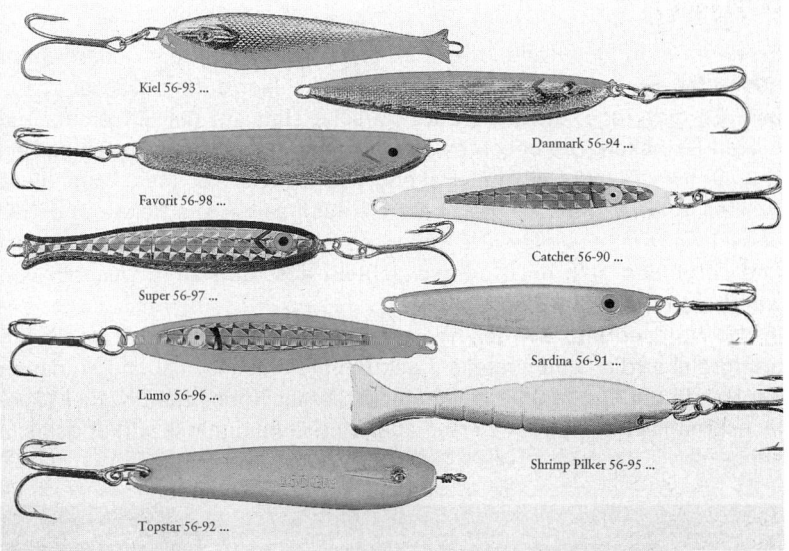

Pilker sind die wichtigsten Köder für den Dorschfang. Man benötigt sie in verschiedenen Farben, Formen und Gewichten (75 bis 400 g).

Farbe: Von Tag zu Tag, ja von Stunde zu Stunde ändert sich das Beißverhalten der Dorsche. Dabei spielen Farben eine wichtige Rolle. Deshalb benötigt man alle Pilkerformen in verschiedenen Farben. Die wichtigsten Farben sind: Rot oder Rötlich, Rot/Silber, Grün/Rot, Gelb und Chromglänzend.

Pilker sollten mit einem Drillingshaken (biegsam, brüniert und leicht rostend) versehen sein. Auf die Biegsamkeit der Haken ist zu achten, damit sie bei einem der häufig vorkommenden Hänger am Grund durch einen kräftigen Zug aufgebogen werden können und der teure Pilker wieder loskommt. Einmal aufgebogene Haken ersetzt man sofort durch neue. Die Haken-Pilker-Verbindung wird stets mit nichtrostenden Springringen hergestellt.

117

Beifänger

So nennt man jene Köder, die oberhalb des Pilkers in die Rollenschnur gebunden werden und zusammen mit dem Pilker durchs Wasser schießen. Es gibt Tage, da beißen die Dorsche statt auf den Pilker nur auf diesen Beihaken. Die beliebtesten Beifänger sind Twister in den Farben Rot, Schwarz und Gelb mit Hakengröße 2/0 bis 3/0. Man kann diese Twister fertig montiert kaufen oder sie auch selbst aus Haken und Twisterschwänzen herstellen. Die Köder aus Weichplastikmaterial gasen aus und verbinden sich mit Köderschachteln aus Kunststoff. Deshalb verwahrt man sie in Metallschachteln.

In der Nordsee und vor der norwegischen Küste verwendet man noch erfolgreicher die Gummimarks – gekrümmte Plastikschläuche, in denen ein Haken der Größe 3/0 bis 5/0 steckt. Dieser Köder zieht Köhler (Seelachs) magisch an. In der Ostsee aber sind Gummimarks wirkungslos.

Dorsche beißen häufig auf Beifänger und ignorieren den Pilker.

 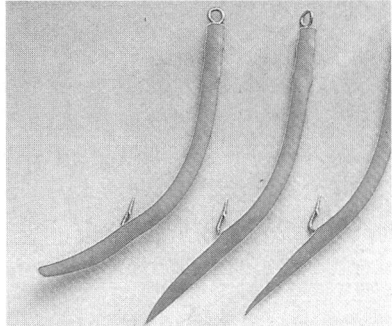

Twister sind unentbehrliche Beihaken beim Dorschpilken. Man verwendet sie mit und ohne kleinen Bleikopf.

Gummimark („Gummiwurm") aus Norwegen. Unübertroffen für den Fang von Köhlern (Skagerrak, Norwegen, Kattegat).

Paternosterköder

Man kauft diese Köder fertig als „Paternoster" montiert. Es handelt sich dabei um etwa 2 m lange Vorfächer, in die im gleichmäßigen Abstand die Köder eingeschlauft werden. Mit so bestückten Angeln gelingt es, aus einem rasch vorbeiziehenden Fischschwarm nicht nur einen, sondern oft mehrere Tiere herauszufangen. In der Nordsee und im nördlichen Kattegat angelt man mit Makrelenpaternostern, die zumeist aus bunten Federn oder Fädenbüscheln mit einem darin versteckten Haken zusammengesetzt sind; in der nördlichen Nordsee und unter der norwegischen Küste bestehen die Paternoster aus Gummimarks (für Köhler); im südlichen Kattegat und in allen Ostseebereichen benutzt man kleine goldfarbene Häkchen der Größen 14 bis 16, völlig blank, oder etwas größere Häkchen, nur mit kleinen silbernen Fäden oder Blättchen bedeckt, für den Fang von Heringen. Im Mittelmeer schließlich kommen die bereits bechriebenen Nordsee-Makrelenpaternoster oder nur blanke Haken der Größen 8 bis 12, bestückt mit doppelt daumenlangen Fischfetzenködern, zum Einsatz. Man fängt damit Makrelen nahe der Oberfläche oder die zahlreichen kleineren Grundfische knapp über den Felsregionen.

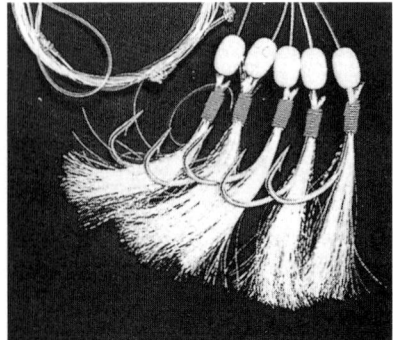

Paternoster für den Herings- (rechts) und Makrelenfang, käufliche Muster.

Schleppköder

Blinker

In der Ostsee benötigt man für den Fang von Meerforellen und Hechten Blinker in den Größen von 7 bis 12 cm Länge. Von den Raubfischen werden bläulich-silbrige Formen, die einem Hering ähnlich sehen, am häufigsten attackiert; an manchen Tagen aber sind es die rötlichen oder rot-silbernen Farben, auf die viele Fische hereinfallen. Schleppköder fürs Meer findet man nicht im Binnenland, man beschafft sie am besten in Fachgeschäften an der Küste. Unsere skandinavischen Nachbarn sind dafür bestens gerüstet.

Wobbler

Wobbler haben seit geraumer Zeit den Schleppködermarkt erobert. Viele Angler geben dem Wobbler für den Fang von Hechten in den mecklen-burg-vorpommerischen Bodden und zwischen den schwedisch-finni-schen Schären den Vorzug. Man nimmt sie in denselben Farben wie Blinker, aber bis zu 15 cm lang.

Bis zu 20 cm lange Wobbler werden auch für das Schleppfischen im Mittelmeer verwendet. Rötliche, bläuliche und grün-weißliche Farben

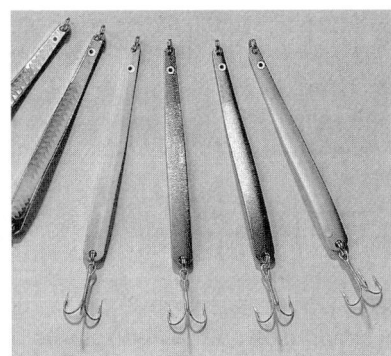

Blinker in verschiedenen Farben, 8 bis 12 g schwer, für das Schleppangeln (Meerforellen, Dorsche).

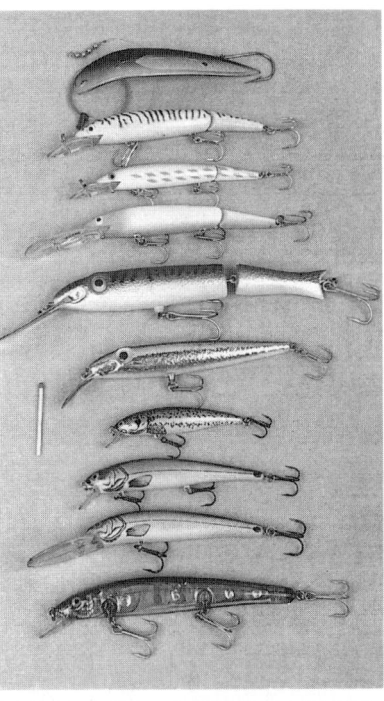

Blinker für das Ostsee-Schleppangeln auf Barsche (5 g) und Hechte (30 g).

Wobbler für die Schleppangelei. Besonders für das langsame Schleppen (1 bis 3 kn in den Ostseeschären und Bodden) geeignet.

kommen zur Anwendung, wenn bei 4 bis 8 kn Fahrt in Gebieten geschleppt wird, wo Blaufische, große Stachelmakrelen oder Thunfischartige zu erwarten sind.

Blinker und Wobbler sollte man vor dem Angeln bei der vorgesehenen Schleppgeschwindigkeit neben der Bordwand im Wasser laufen lassen und dabei das richtige „Spiel" beobachten: Blinker müssen schwänzeln und blinken, Wobbler müssen hin- und herwackeln, bei geringfügiger

Schlepptempoveränderung ab- oder auftauchen. Wobbler lassen sich mit ihren Scherschaufeln so einstellen, daß sie sogar schon bei einer Geschwindigkeit von 1 kn gut laufen. Damit diese Bewegungen nicht beeinträchtigt werden, befestigt man sie mit einer Schnurschlaufe. Blinker hingegen werden stets mit einem leichtgängigen, „drehfreudigen" Wirbel befestigt.

Jigs

So nennt man Köder aus Weichplastik mit einem „Kopf" und vielen langen Fäden. Sie imitieren, im Wasser gezogen, fliehende Tintenfische oder kleine Kraken – zwei Meeresbewohner, die von Fischen sehr gern gefressen werden. In einer Länge von etwa 8 bis 16 cm werden Jigs im Mittelmeer verwendet, wenn es darum geht, die größeren Raubfische (Stachelmakrelen, Blaufische, Thunfische) zu überlisten. Jigs bekommt man in Fachgeschäften als Sortiment in verschiedenen Farben; helle, leuchtende Farben werden bevorzugt gebraucht. Die Haken (Größe 3/0 bis 5/0) werden zusammen mit dem Bleikopf im Jig versteckt. Die größte Reizwirkung auf Raubfische entwickelt der Jig, wenn er im oder auf dem Wasser ruckweise bewegt wird und dadurch zeitweilig seine vielen Fäden „spreizt". Jigs sind deshalb für das Schleppen an der Oberfläche, also ohne jede zusätzliche Beschwerung, zu bevorzugen; sie sollen am Ende des Kielwassers in bewegter See immer wieder aus dem Wasser „springen". In der Nord- und Ostsee kommen Jigs nicht zur Anwendung.

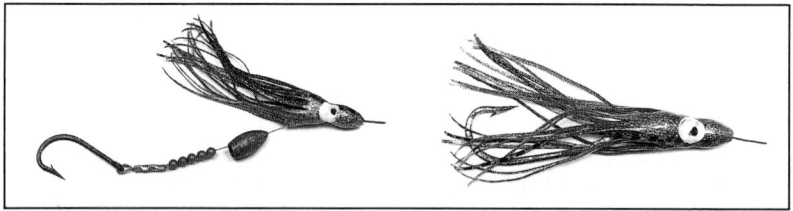

Jigs in verschiedenen Farben, 8 bis 16 cm lang, werden mit einem Bleikopf, Stahlvorfach und Haken selbst montiert und im Mittelmeer als Schleppköder verwendet (zum Fang von Thunfischen, Stachelmakrelen, Blaufischen).

Natürliche Köder

Die eigentlichen Topköder für das Meeresangeln sind die natürlichen Köder. Das gilt ganz besonders für das Mittelmeer, wo über 90% aller Fische nur mit frischen, leckeren und unauffällig angebotenen Naturködern zu überlisten sind. Aber auch in Nord- und Ostsee wird mit Wattwürmern, Muschelfleisch und Fischfetzen eine Vielzahl von Fischen erbeutet, darunter auch Arten, die mit künstlichen Ködern gar nicht zu reizen sind (Plattfische, Aale, Wittlinge). Wer mit Naturködern angelt, fängt mehr.

Kleinfische

Finger- oder handlange tote Fischchen sind beinahe für alle größeren Fische gute Köder. Für die Nord- und Ostseeangelei verwendet man junge Heringe, Sprotten und Sandspierlinge, im Mittelmeer Sardinen. Man bekommt solche Köderfische überall in den Fischereihäfen bei den Fischkuttern; oft liegen ein paar Handvoll solcher Fische irgendwo im eisgekühlten Laderaum zwischen den Kisten oder am Boden, auf manchen Kuttern findet man Kleinfische tonnenweise.

Es eignen sich nur „harte" Fische; die kleinen Leiber dürfen nicht weich und leicht zerdrückbar sein, weil sie dann nicht am Haken festhängen würden. Also: Die Ware muß frisch und gekühlt sein; man muß sie auch an Bord der Yacht gekühlt aufbewahren. Bei längeren Törns muß man Fischköder sogar tieffrosten oder tiefgefroren einlagern.

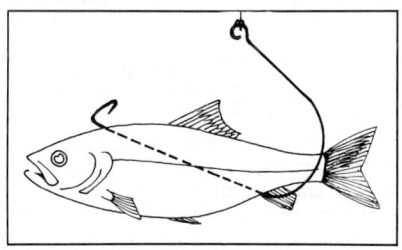

Bei kleinen Fischchen wird der Kniehaken durchs Weidloch eingeführt (s. Abb.) und hinter dem Kopf wieder herausgeführt.

123

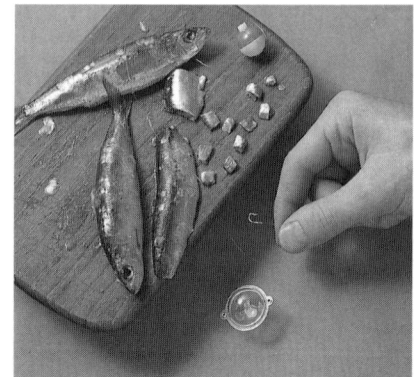

Sardinenstückchen dienen als Köder zum Meerbrassen- und Meeräschenfang im Mittelmeer.

Fetzenköder. So schneidet man einen sehr haltbaren und dünnen Schleppköder aus der Bauchseite einer frischen Makrele.

Fischfetzen

Fetzenköder schneidet man aus den Flanken und Bauchseiten größerer, frisch gefangener Fische. Je frischer der Fisch, desto besser hält der Fetzenköder am Haken, desto besser „duftet" er und lockt die Raubfische. Alle „Fettfische" eignen sich sehr gut für das Schneiden von Fetzenködern, insbesondere Makrelen, Hornhechte, große Sardinen, alle

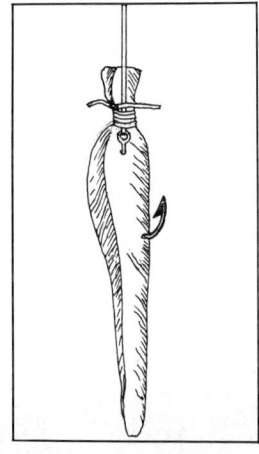

Fürs Schleppangeln: der Fetzenköder. Er wird aus der Flanke oder Bauchseite von Makrelen, Hornhechten oder Plattfischen geschnitten. Ein Ende wird dünn geschabt, damit es beim Schleppen „flattert" und einen Fisch vortäuscht. Das dickere Ende wird mit einem Faden fest auf die Angelschnur gewickelt. Fetzenköder müssen aus frischen Fischen geschnitten und alle 10 Minuten ausgewechselt werden.

Plattfische. Nur Dorsche sind nicht zu verwenden; der Dorschgeruch vertreibt andere Fische.

Innereien, ja sogar Köpfe von Fischen, insbesondere Makrelen, eignen sich als Köder für den Fang von Congern, Muränen und Haien. Aber auch hier gilt: Frisch muß die Ware sein, auf keinen Fall weich und anrüchig.

Merke: Alle natürlichen Köder müssen beim Angeln nach etwa 10 Minuten durch neue, frisch „duftende" Köder ersetzt werden.

Würmer

Unser heimischer Regenwurm eignet sich nur in den Bodden und Schären für die Barschangelei; alle anderen Fische verschmähen ihn. Favorit bei den Fischen sind Wattwürmer, die bei uns an der Ostseeküste und überall in Dänemark gekauft werden können. An der Nordseeküste im Wattenmeer, aber auch in der Ostsee in schlickigen Küstenbereichen

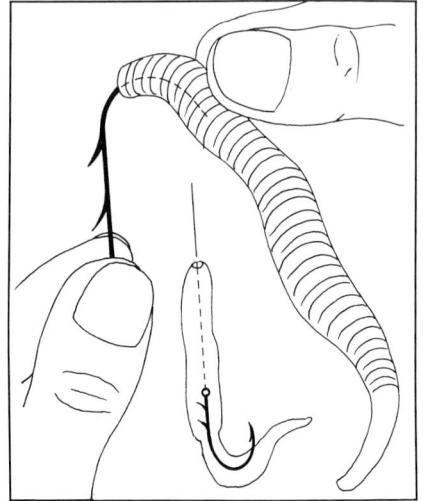

Anködern eines Wattwurmes. Das dünne, feste Ende bleibt freihängend, die weiche Hälfte wird vollständig auf den Haken und die Schnur gezogen.

(Förden und Buchten) kann man nach Wattwürmern graben; die charakteristischen Kringelhaufen verraten die Wohnröhren der Würmer. Vor unseren Küsten ist das Wattwurmgraben jedoch reglementiert und nicht überall erlaubt; Auskünfte erteilen die Naturschutzverwaltungen. Verkaufsstellen für Wattwürmer sind meistens die Angelgerätehandlungen; in Dänemark stehen in einigen Häfen sogar „Wattwurmautomaten".

Wattwürmer dürfen nicht in Wasserbehältern ohne Durchlüftung gehältert werden, da sie darin in kurzer Zeit ersticken würden. Am besten verwahrt man die frischen, lebenden Würmer in feuchtem Zeitungspapier. Man wickelt die Tiere einzeln und sauber voneinander getrennt ins Papier und lagert sie möglichst kühl. Wenn die Würmer miteinander Hautkontakt haben, zersetzen sie sich durch ätzende Hautausscheidungen. Ordentlich nach Vorschrift verpackt und kühl verwahrt, halten sich die Köder mindestens zwei, bei sehr kühler Lagerung auch drei Tage lebend.

Seeringelwürmer leben zwischen Algen, Tangen und in sandigen Wohnröhren im Flachwasser der Küsten.

Seeringelwürmer sind der absolute Spitzenköder für den Fang aller Fische. Man findet die Tiere vorzugsweise im kiesigen Sand (nicht im Schlick) und im Boden zwischen Algen und Tangen. Radiale Tastspuren im Sediment rund um den Eingang der Wohnröhre der Tiere verraten die Standplätze der Tiere. In den Mittelmeerhäfen werden sie von Fischerjungen den Anglern zum Kauf angeboten. Bei uns sind sie in allen Angelfachgeschäften an der Küste erhältlich.

Würmer dieses Typs hält man in sandig-feinkiesigem, mit Salzwasser befeuchtetem Sand viele Tage lang frisch. Kühle Aufbewahrung ist dabei unerläßlich.

Muscheln

Vor allem die überall vorkommende Miesmuschel ist ein sehr guter Köder. Man verwendet nur frisches, ungekochtes Muschelfleisch, das man aus gerade gesammelten oder gekauften Muscheln herauslöst und in

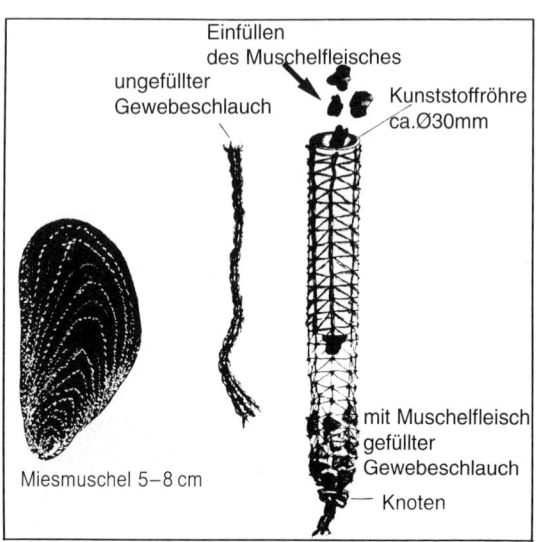

Der Muschelsack besteht aus einem Fingerverbands-Gewebeschlauch, der mit frischem Miesmuschelfleisch gefüllt wird. Eisgekühlt ist der Köder 24 Stunden haltbar. Zum Angeln werden mit der Schere streichholzlange Sektionen abgeschnitten; der Gummi-Gewebeschlauch schließt die Schnittstellen.

eine „Muschelwurst" füllt. Für diese Köderwurstherstellung benötigt man elastische Gummigewebeschläuche, wie man sie in Apotheken als Überzug für Fingerverbände erhält. Man stellt daraus beliebig lange Muschelwürste her und verwahrt sie so kühl wie nur irgend möglich. Fürs Angeln schneidet man mit einer Schere streichholzlange Stücke von diesem Schlauch; das Gummigewebe verschließt sofort die offenen Enden, und der sonst kaum an einem Haken zu fixierende Köder läßt sich so tadellos auf den Haken stecken.

Ungeöffnete Muscheln lassen sich geeist oder kühl tagelang aufbewahren – aber nie im Wasser, sie würden darin binnen kurzer Zeit ersticken. In schleswig-holsteinischen Küstengewässern genießen Miesmuscheln vom 1. Mai bis 31. Juli Artenschutz und dürfen nicht gesammelt werden.

Gefahr erkannt und schon gebannt

Verletzungen

Durch Fische können mannigfache Verletzungen entstehen, denn viele Flossenträger sind durch Stacheln, scharfkantige Schuppen, durch Giftdrüsen oder rauhe Haut geschützt. Manche Fische können sogar gefährlich beißen oder starke Stromstöße austeilen.

Der Petermann (oder auch „Viperqueise") ist mit einander ähnlichen Arten sowohl im Mittelmeer wie auch in Ost- und Nordsee vertreten. Er ist der schlimmste unter den europäischen Giftzwergen. In den Hautfalten der Rücken- und Kiemendeckelstacheln sitzt ein Gift, das zu außerordentlich schmerzhaften Verletzungen führen kann. Nach einer Injektion des Giftes kann es sogar zu so starken Schwellungen kommen, daß Lebensgefahr besteht. Die Schmerzen halten tagelang an und können einen ganzen Törn vermiesen. Bei Petermann-Stichen sollte man stets einen Arzt aufsuchen.

Dornhaie, Stechrochen, ja sogar Barsche, Meerbrassen, Seeskorpione, Makrelen und Stöcker sind weitere Vertreter aus der Reihe der stacheligen Gesellen. Sie sind zwar kaum giftig, aber mit ihren Stachelwaffen können sie böse Verletzungen verursachen.

Muränen, Conger, Hecht und alle Haie haben scharfe, spitze Zähne und können kräftig beißen. Der Katfisch kann mit seinem Hummer- und Muschel-Knackgebiß sogar einen Finger abbeißen. Haie besitzen meistens eine sehr rauhe Haut, die wie Sandpapier wirkt und scheuernd großflächige Hautverletzungen verursachen kann.

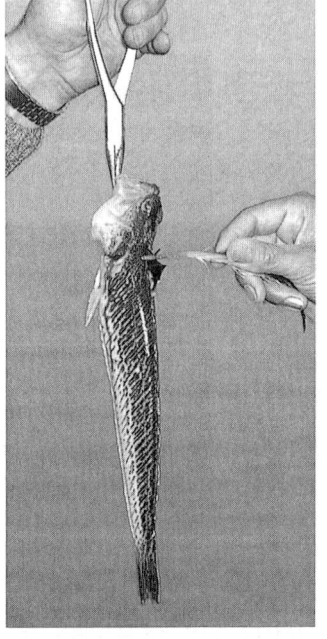

Petermännchen, Viperqueise. Rücken- und Kiemenstacheln enthalten in Hautfalten ein stark schmerzendes Lähmungsgift. Der Fisch muß mit äußerster Vorsicht behandelt werden.

Abhilfe und Vorsorge sind vor allem durch Lederhandschuhe gewährleistet; man schütze damit auch die Pulsflächen. Haie landet man nicht barbeinig oder barbusig, sondern durch grobes Baumwollzeug vor Scheuerwunden geschützt. Und schließlich: Bevor man die aufgezählten Fische versorgt, betäubt und tötet man die Tiere. Den kleinen Petermann wickelt man in Tücher ein, damit er darin sein Gift verspritzen kann. Spitze Stacheln schneidet man nach dem Töten ab.

Durch Geräte können vor allem dann Verletzungen entstehen, wenn man mit Angelhaken leichtfertig umgeht. Einen ins Fleisch eingedrungenen Haken löst man, indem man ihn so lange weiter durch die Haut sticht, bis er an einer Stelle mit der Spitze und dem Widerhaken wieder aus der Haut heraustritt – das ist meistens halb so schlimm, wie es sich liest. Dann kneift man die Spitze samt Widerhaken ab und führt den Schaft rückwärts aus der Wunde heraus.

Die dünnen Angelschnüre können sich, wenn man sie rasch durch die Finger laufen läßt, stark erhitzen und Verbrennungen verursachen. Oder sie schneiden sich tief in die Haut bis auf die Knochen ein, wenn man sie um die Faust wickelt, um z. B. einen Hänger gewaltsam zu lösen. Man greift deshalb nie in die Schnur. Wenn es doch einmal sein muß, sollte man sich unbedingt mit Handschuhen oder Lappen schützen.

Alle geschilderten Verletzungen läßt man zunächst gründlich ausbluten und hilft dabei durch Drücken und Aufweiten der Wunde noch nach. Anschließend spült man reichlich mit warmer, möglichst desinfizierender Lösung. Rost und Köderreste (am Haken) und „ungeputzte" Zähne der Fische können in den Wunden Entzündungen verursachen. Gegen Tetanus geimpfte Angler leben länger!

Sicherheit

Angelleinen sind Propellerkiller – wehe, sie geraten in die Schraube! Wer Leinen achteraus liegen hat, sollte nie unbedacht rückwärts setzen. Und die achtern laufenden Leinen können, insbesondere beim Schleppangeln, auch für andere Skipper gefährlich werden.

Deshalb sei geraten, das Schleppen anzuzeigen. Es kann nicht schaden, am Tage das Stundenglas an deutlich sichtbarer Stelle zu zeigen oder nachts ein grün(oben)/weißes Rundumlicht zu führen.

Und beim Ankern wird sowieso keiner vergessen, den Ball zu zeigen.

Verwertung

Fische frisch aus dem Meer auf den Teller – da lacht das Herz eines jeden Gourmets, und selbst Tischnachbarn, die sonst stets „ich mag keinen Fisch" murmeln, werden schwach. Denn was daheim oft erst nach wochenlangen Handelswegen auf den Teller kommt, gibt es beim angelnden Skipper sozusagen zappelfrisch serviert. Und dabei merkt man erst, wie gut Fisch wirklich schmeckt. Ernährungswissenschaftler sind sich immer einig, wenn es darum geht, frischen Fisch als hervorragendes, gesundes Nahrungsmittel zu loben.

Beinahe alle Fische sind uneingeschränkt von Kopf bis Schwanz verwertbar. Unter den in diesem Buch vorgestellten und häufig fangbaren Fischen sind viele gesuchte und teure Kostbarkeiten, die oft nur in den feinsten Schlemmerlokalen zu finden sind. Dazu zählen alle roten Meerbrassen und Meerbarben, Katfisch, Meerforelle, Aal und Muräne; sogar der Giftzwerg Petermann steht hoch im Kurs, und die stachelbewehrten, von Laien verächtlich belächelten Seeskorpione dürfen in keiner Bouillabaisse der berühmten Köche des Mittelmeerraumes fehlen.

Manche Fischarten offenbaren ihren exzellenten Wohlgeschmack tatsächlich nur, wenn sie ganz frisch, also wenige Stunden nach dem Fang, auf den Tisch kommen. Das gilt insbesondere für alle Fettfische, so für Hering, Sardine, Makrele, Hornhecht, Aal und Muräne. Insbesondere Makrelen verlieren bereits sechs Stunden nach dem Fang ihren Wohlgeschmack; lagert man sie länger, verderben sie zwar nicht gleich, aber das Muskelgewebe zerbröselt, und ein fader Geschmack nimmt überhand. Dasselbe gilt auch für alle Thunfischartigen: Werden sie unmittelbar nach dem Fang zubereitet, dann schmeckt das gut durchblutete, muskulöse Fleisch nicht wie Fisch, sondern eher wie Kalbfleisch.

Magerfische, also Fische mit sehr geringem Fettgehalt im Gewebe (Hecht, Dorsch), müssen dagegen „hängen", also wenigstens eine Nacht lang lagern, bis sie ihren ganzen Wohlgeschmack entwickeln und ihr Fleisch weiß und fest wird.

Nur einige wenige in diesem Buch beschriebenen Arten, nämlich die Katzenhaie und der Hundshai, scheiden bei der Verwertung aus; ihr Fleisch steckt, biologisch bedingt, voller Urin und strömt einen unangenehmen Ammoniakgeruch aus.

Fangen und sofort verarbeiten

Fische, die nach dem Fang sofort betäubt und getötet werden, schmecken besser als solche, die längere Zeit einen qualvollen Todeskampf in einem Schleppnetz und auf dem Deck nach der Landung erleiden mußten. Diese Tatsache ist durch wissenschaftliche Untersuchungen erhärtet worden, denn bei gestreßten Fischen hat man im Gewebe Stoffe gefunden, die den Geschmack negativ beeinflussen. Der angelnde Skipper ist also gegenüber den Netzfischern im Vorteil, wenn es um die Qualität des Fischfleisches geht.

Das sofortige Töten erhöht ferner die Haltbarkeit und damit die Lagerzeit; diese Tatsache wird mit dem Verlauf der Totenstarre im Muskelgewebe der Fische in Zusammenhang gebracht.

Das Kehlen und Ausbluten führt zu einer weiteren Qualitätsverbesserung. Das Fischgewebe wird dadurch hell und rein, hält länger frisch und schmeckt besser als bei vergleichbaren Fischen, die im Netz erstickt und nicht ausgeblutet sind.

Auch das Ausschlachten muß immer so schnell wie möglich nach dem Fang erfolgen. Man öffnet vom Weidloch her die Leibeshöhle, ohne dabei die inneren Organe zu verletzen, denn auslaufende Säuren und Fermente oder Gallenflüssigkeit verderben den Geschmack des Gewebes. Man löst die Innereien am besten per Hand aus dem Fisch. Nie darf vergessen werden, die Niere herauszuholen. Sie liegt zumeist unter einem Häutchen versteckt unmittelbar unter der Wirbelsäule. Erst nach dem vollständigen

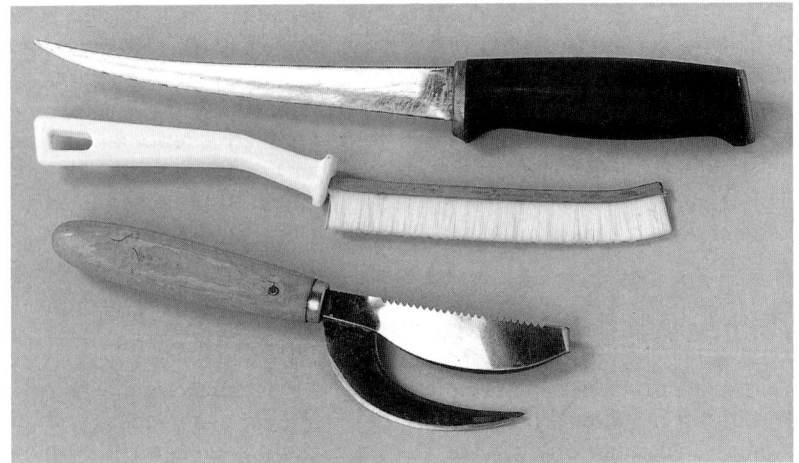

Geräte für die Fischverarbeitung. Filetiermesser mit Abgleitschutz, Nierenbürste und Fischschupper mit Weidlochöffner (Holzgriffausführung, schwimmend).

Ausweiden werden das Häutchen und die dunkle Nierensubstanz entfernt; dazu gibt es spezielle Bürsten. Auch Kiemen müssen stets herausgelöst werden.

Manche Fische müssen geschuppt werden (Hering, Hecht, Hornhecht, Meerbrassen, Meerbarben, Meeräschen, Wittling). Mit speziell dafür angefertigten Schuppern, die man in Haushaltswarengeschäften erhält, erledigt man diese Arbeit zweckmäßigerweise vor dem Ausweiden. Bei Barschen zieht man die gesamte Haut von den Flanken.

Beim Filetieren werden nur die Flanken eines Fisches verwendet. Das empfiehlt sich vor allem bei größeren Exemplaren, so z. B. beim Dorsch, aber auch bei Makrelen, Köhlern, Wittlingen u. a. Geschickt geschnittene Fischfilets enthalten so gut wie keine Gräten.

Wenn man einen Fisch filetiert, dann erkennt man rasch, ob er von Wurmparasiten (Nematoden) befallen ist. Die weißen kleinen Würmer sitzen bevorzugt im Bauchgewebe der Filets, man sieht sie am sichersten, wenn man das Filet gegen eine Lichtquelle hält. Nematoden sind für

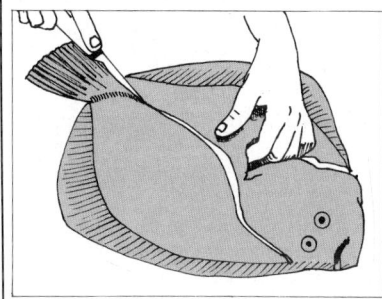

Filetieren eines Plattfisches

1 = Mit spitzem, scharfem Messer schneidet man durch die Haut bis auf die Knochen. Man umschneidet die Kiemendeckel und führt das Messer an der Rückenlinie bis zum Schwanz.

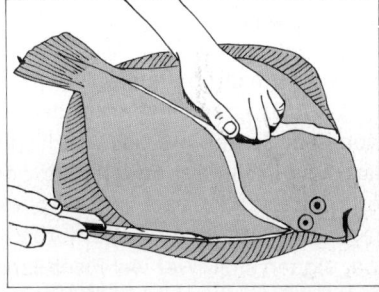

2 = Danach schneidet man entlang des Flossensaumes die Haut tief bis auf die Gräten ein – vom Kopf beginnend bis zum Schwanz.

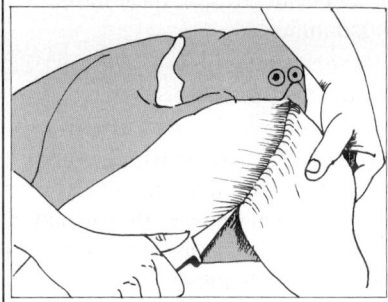

3 = Mit der Messerspitze löst man ritzend das Rückenfilet langsam von den Gräten. Eine Hand zieht dabei das Filet sanft in die Höhe.

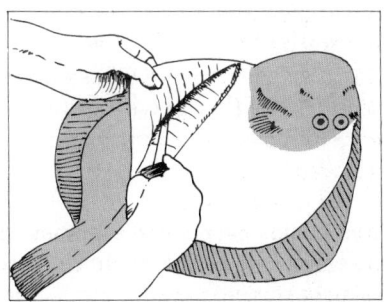

4 = Der sanfte Zug löst beim ritzenden Schneiden das Filet elegant von den Gräten, auch beim Schneiden des zweiten Filets. Auf der anderen („Blind-‘)Seite verfährt man genauso.

135

den Verzehr ungefährlich, wenn der Fisch bei der Zubereitung über 70 °C erhitzt oder über längere Zeit tiefgefroren wurde. Besonders Dorsche, Köhler und Katfische können von Nematoden befallen sein.

Kühl und trocken lagern

Die fertig bearbeiteten Fische oder Filets spült man am zweckmäßigsten im salzigen Meerwasser gründlich sauber. Dabei ist es wichtig, daß das Spülwasser nicht die geringsten Spuren von Bilgenwasser enthält, denn schon ein Tropfen Öl verdirbt den Geschmack des gesamten Fanges. Nach dem Spülen müssen alle Fische gut getrocknet werden. Dazu legt man das Fleisch auf Saugpapier oder Tücher. Erst dann schneidet man Portionsstücke zurecht und verpackt sie in geeignete Folienschläuche, die man verknotet. Auch Gefrierbeutel, sofern sie sicher zu verschließen sind, eignen sich. Wer viel Fisch lange aufbewahren will, beschriftet den Beutel am besten mit dem Einlagerungsdatum.

Lagerfähigkeit von Fischen (gesäubert und getrocknet)

	Kühlschrank oder Eis (2° bis 6 °C)	Gefrierschrank (-16 °C)
Magerfische	1 Tag	bis zu 5 Monate
Fettfische	nicht empfohlen	bis zu 2 Monate
Fisch, gegart	2 Tage	bis zu 5 Monate

Eis verpackt man ebenfalls in wasserdichte Beutel, damit lagernde Fische auf keinen Fall erneut feucht werden. Feuchtigkeit ist der Nährboden für Fäulnisbakterien!
Einmal aufgetaute Fische sollte man nicht wieder einfrieren.

Zubereitung

Untrügerisches Frischemerkmal vor der Zubereitung ist der Geruch: Fisch soll nicht riechen. Eine weitere Möglichkeit, um festzustellen, ob ein Fisch frisch ist, bietet der Drucktest: Eine ins Gewebe gedrückte Delle muß sich wieder verfüllen, nicht sofort, aber allmählich. Kenner arbeiten mit kleinem Risiko und sagen: Wenn beide Prüfungen im Ergebnis auf der Kippe stehen, dann ist das Fischfleisch im absolut besten Zustand für die Zubereitung.

Ganz gleich, wie man seinen Fisch zubereiten, ob man ihn braten, räuchern, dünsten oder kochen will, fast immer muß die „3-S-Methode" angewendet werden: säubern, säuern, salzen Nur bei Fischen, die direkt vom Haken in die Pfanne kommen, kann das Säuern entfallen. Dabei geht man folgendermaßen vor:

Das erste „S": Das Fischfleisch wird gründlich gesäubert und gespült, darf aber nicht im Wasser liegen, sondern nur unters fließende Wasser gehalten werden. Danach wird der Fisch gründlich getrocknet (Tücher, Saugpapier). Das zweite „S": Man säuert den Fisch von allen Seiten durch Beträufeln mit Zitronensaft (reichlich) oder Essig (nicht Essenz; sparsam). Keinesfalls soll der Fisch im „Säurebad" liegen, sondern abtropfen und zehn Minuten ruhen. Das dritte „S": Der Fisch wird abermals getrocknet und nun mit feinem Streusalz gesalzen, feine Filets weniger stark, dicke Filets etwas stärker. Will man anschließend kochen oder dünsten, sollte man mit dem Salz großzügig umgehen; will man braten oder heißräuchern, salzt man etwas sparsamer. Wer kalträuchern will, muß seine Fische vorher in Salzlake ziehen lassen.

Dieses Vorgehen beseitigt Geruchsstoffe (säuern) und festigt das Fleisch (salzen). So vorbereiteter Fisch wird nie riechen und bestens schmecken.

Zum Räuchern eignen sich alle Fettfische, vor allem Heringe, Makrelen, Sardinen, Meerforellen, Stöcker. Für das Heißräuchern bietet der Angelgeräte-Fachhandel praktische kleine Öfen mit Räuchermehlmischungen an. Zum Kochen eignen sich gut abgehangene Dorsche, aber auch Wittlinge und Köhler. Wo immer es möglich ist, sollte man das Dünsten dem Kochen vorziehen.

Braten lassen sich alle Fettfische, aber auch andere Fische, wenn man sie in Paniermehl wendet und damit vor Verbrennung schützt. Gebratene Fische lassen sich gut in einen sauren Sud legen und so bis zu zehn Tage lang an einem kühlen Ort aufbewahren. Das ist eine gute Strategie bei Überfängen, beispielsweise von Heringen, Makrelen oder Hornhechten. Der Sud wird am besten in Keramikgefäßen aufbewahrt, die von der Säure nicht angegriffen werden. Hier ein Rezept für einen solchen Sud: Wein, Weinessig und Wasser zu gleichen Teilen vermengen. Pfefferkörner, Zwiebelringe, Schalotten, Lorbeerblätter und frische Kräuter der Saison dazugeben. Etwa zehn Minuten köcheln und erkalten lassen. Die gebratenen Fische in ein Gefäß legen, die vom Sud abgeschöpften Kräuter mit den Fischen schichtweise übereinanderlegen und den Sud darübergießen. Nach zwei Tagen sind alle Gräten weich.

Fischgerechtigkeit

Das Jagen, Fangen und Töten von Tieren – längst ist es bei uns streng reglementiert, und das gilt auch für den Fischfang. Der erste, einleitende Paragraph unseres Tierschutzgesetzes lautet: „Niemand darf einem Tier ohne vernünftigen Grund Schmerzen, Leiden oder Schäden zufügen." Ein Skipper, der für seine Bordküche Fische fängt, hat einen „vernünftigen Grund", jedenfalls so lange, wie auch alle gefangenen Fische der Verwertung zugeführt werden. Dazu zählt auch die Verwertung als Köder für den Fang weiterer Fische. Wer aber Fische fängt, sie hältert oder gar tötet, um sie anschließend wieder in die See zu werfen, macht sich strafbar. Er macht sich sogar strafbar, wenn er sie „nur so zum Spaß" fängt und lebend wieder zurücksetzt.

Bei allem Fischfang gilt also, dem Tier unnötige Leiden und Schäden zu ersparen. Die organisierte Anglerschaft hat sich deshalb auch für das Meeresangeln eigene strenge Regeln gegeben, die dafür sorgen sollen, daß man sich dem Tierschutzgesetz entsprechend verhält. Die Anglerorganisationen (s. „Recht, Ämter, Organisationen", S. 142) hoffen, daß diese Regeln eigenverantwortlich von jedem angelnden Skipper auf See eingehalten werden. Dazu zählen:

Die Wahl der Schnurstärke. Der weidgerechte Angler angelt nicht mit zu dünnen Schnüren, die von den Fischen leicht zerrissen werden können. Deshalb wird in diesem Buch auch eine Rollenschnurstärke von 0,45 mm mit einer Tragkraft von ungefähr 15 kg als Grundausrüstung empfohlen. Damit lassen sich fast alle Fische ohne Schnurbruch sicher fangen. Nur Vorfächer zum Fang kleinerer Fische werden dünner gewählt.

Die Landung des Fisches sollte so zügig wie möglich erfolgen. Ist der Fisch am Boot, dann läßt er sich mit Landungsnetzen (Kescher) am humansten herausheben; Gaffs (Landungshaken) verwendet man nur, wenn der Fisch zu groß für das Landungsnetz ist. Kleinere Fische kann man auch an der Angelleine aus dem Wasser heben.

Die Versorgung des Fisches an Bord muß ebenfalls zügig erfolgen. Zu kleine Fische packt man sicher und fest mit der feuchten bloßen oder feuchten behandschuhten Hand, löst den Haken vorsichtig und setzt den Fisch ins Wasser zurück. Keinesfalls darf man Fische im hohen Bogen ins Wasser werfen; dabei könnten die Schwimmblase platzen oder innere Organe beschädigt werden.

Verwertbare Fische aber müssen zuerst mit einem Priest (Schlagstock) betäubt werden. Man schlägt kräftig auf die Kopfoberseite, bei großen Fischen müssen mehrere Schläge ausgeführt werden. Erst dann wird der Haken gelöst und danach der Fisch sofort getötet – am sichersten durch einen Kehlschnitt hinter den Kiemen; der Schnitt muß bis auf das Rückgrat durchdringen. Danach blutet der Fisch rasch aus und ist tot. Das Ausbluten hat eine wichtige konservierende Wirkung und verbessert die Verwertbarkeit erheblich (s. „Verwertung", S. 133).

Welche Fische verwertet werden sollen, entscheidet der Angler selbst. Der Gesetzgeber schreibt nur bei bestimmten Arten Schonzeiten und Mindestmaße vor. Für die Hoheitsgewässer der einzelnen Länder und auf hoher See sind die Vorschriften durchaus nicht einheitlich (s. „Recht, Ämter, Organisationen", S. 142).

Gehen an einem Angelplatz nur zu kleine oder unerwünschte Fische an den Angelhaken, dann beendet ein vernünftiger Skipper das Angeln und wechselt den Platz. Werden kranke Fische gefangen, z. B. Aale mit „Blumenkohlgeschwulsten" oder Plattfische mit Flossenfäule, so setzt man diese Fische ins Meer zurück. Die Empfehlung wird von Wissenschaftlern gegeben, die beobachtet haben, daß sich manche Fische von solchen Krankheiten erholen und möglicherweise sogar resistent werden. Dorsche kommen häufig „kieloben", mit der weißen Bauchseite nach oben gekehrt, an die Wasseroberfläche. Sind die Fische zu klein (Dorsche haben ein Mindestmaß), dann muß man auch solche Fische zurücksetzen, denn sie sind keinesfalls tot, sondern nur durch ihre gedehnte Schwimmblase vorübergehend bewegungsunfähig. Vorsichtig zurückgesetzt, erholen sie sich im Wasser sehr schnell.

Angelhaken werden von weidgerechten Anglern nur rostend gewählt, damit sie, falls sie einmal abgerissen in einem Fisch hängen bleiben, im Fischmaul korrodieren und rasch herausfallen. Wenn gefangene Fische den Haken tief geschluckt haben, dann beginnt man nicht mit einer für das Tier qualvollen „Operation", sondern schneidet die Leine ab, betäubt und tötet das Tier.

Tief geschluckte Haken kommen immer dann vor, wenn Angeln unbeaufsichtigt und beködert im Wasser bleiben, so z. B. am Liegeplatz. Der eherne Grundsatz weidgerechter Angler lautet deshalb, Angeln nie unbeaufsichtigt zu lassen. Ähnliches gilt für die Youngster: Sie sollten nie unbeaufsichtigt angeln, sondern von den Älteren lernen, wie man weidgerecht vorgeht.

Recht, Ämter, Organisationen

Längst sind die Zeiten unbeschränkten Fischfanges im Meer vorbei. Zwar sind auf hoher See Fangquoten- und Maschenweitenregelungen für den angelnden Skipper ohne Bedeutung, aber innerhalb nationaler Hoheitsgewässer gilt es, Gesetze und Verordnungen zu beachten. Solche Reglementierungen werden von Anrainerstaaten, ja sogar von einzelnen Bundesländern für ihre Küstenbereiche, und von der EU für das EU-Meer in immer wieder neuen Versionen herausgegeben. Was heute gedruckt wird, kann morgen schon überholt sein. Der Leser möge davon ausgehen, daß die nachfolgend aufgelisteten Bestimmungen in den kommenden Jahren eher strenger und enger gehandhabt werden, als daß sie irgendwo gelockert werden.

Angelscheine

Deutschland

Das Fischereirecht ist nicht Bundes-, sondern Ländersache. Deshalb hat jedes einzelne Bundesland eigene Fischereigesetze und dazugehörige Verordnungen, und die sind – Achtung, Skipper! – sehr unterschiedlich. Niedersachsen hat die großzügigste Regelung parat: Das Angeln in den niedersächsischen Küstengewässern ist frei und ohne Schein möglich. Mecklenburg-Vorpommern und Schleswig-Holstein hingegen verlangen einen staatlichen Fischereischein. Diesen Schein bekommt man erst nach dem vollendeten zwölften Lebensjahr. Er wird beim zuständigen Ordnungsamt des jeweiligen Hauptwohnsitzes ausgestellt und gilt auf Lebenszeit. Um den Schein zu bekommen, benötigt man nicht nur Paßbil-

der und muß Gebühren zahlen, sondern man muß zusätzlich nachweisen, daß man sich mit Erfolg einer Sportfischerprüfung unterzogen hat. Die Prüfungen und die darauf vorbereitenden Lehrgänge werden von Angelvereinen unter der Regie der jeweiligen Landessportfischerverbände durchgeführt (Anschriften s. S.147).
Wenn ein Niedersachse, der für seine Küstengewässer keinen Angelschein benötigt, vor den Küsten Schleswig-Holsteins und Mecklenburg-Vorpommerns angeln will, muß auch er daheim einen Jahresfischereischein beantragen. Die niedersächsischen Ordnungsämter sind angewiesen, in solchen Fällen einen Schein auszustellen.
Für die Küstengewässer Schleswig-Holsteins können Skipper, die ihren Hauptwohnsitz *nicht* in Schleswig-Holstein haben, für die Dauer von maximal 40 Tagen von der Fischereischeinpflicht befreit werden (Urlaubs- und Touristenregelung). Diese Befreiung muß beantragt und genehmigt werden beim Fischereiamt des Landes in Kiel (Anschrift s. S. 146).
Staatliche Fischereischeine sind nur gültig, wenn die jedes Jahr erneut fällige Fischereiabgabe bezahlt ist. Als Nachweis dient eine in den Schein einzuklebende Gebührenmarke, die ebenfalls bei den zuständigen Ordnungsämtern erhältlich ist. Mecklenburg-Vorpommern verlangt darüber hinaus eine „Küstenangelabgabe" und stellt dafür einen besonderen Erlaubnisschein aus. Diese Scheine erhält man beim Landesamt für Fischerei, Justus-von-Liebig-Weg 2, 18059 Rostock, Tel. 0381/40 51 80, sowie bei den Außenstellen des Amtes in Wismar, Warnemünde, Barth, Stralsund, auf Rügen in Breege, Saßnitz und Lauterbach sowie in Freest, Rackwitz und Ückermünde.
Der Geltungsbereich der staatlichen Fischereischeine umfaßt die deutschen Küstengewässer bis zur 12-sm-Zone.

Dänemark

Auch Dänemark verlangt für das Angeln in den Küstengewässern einen staatlichen Fischereischein. Er wird für einen Tag, für eine Woche oder fürs ganze Jahr ausgestellt. Zahlen müssen alle Angler zwischen 18 und

67 Jahren. Als Zahlungsnachweis genügt bei Kontrollen ein Überweisungsabschnitt. Die Überweisung muß erfolgen auf das Konto der dänischen GiroBank Nr. 07060 00 zu Gunsten des Fiskerministeriet, Stormgade 2, DK 1470 Kopenhagen-K. Dort erhält man auch Formulare und Auskünfte über die derzeit gültigen Gebühren.

Finnland

Jedermann zwischen 18 und 65 Jahren benötigt für das Spinnfischen und Posenangeln einen staatlichen Fischereischein (für eine Woche oder ein Jahr). Als Ausweis gilt der Einzahlungsbeleg bei der Staatlichen Fischereiverwaltung, Postbank-Konto in Finnland PSP – 80 00 16 – 10 21 20.
Fürs Schleppangeln und alle weiteren Angelmethoden gelten von Provinz zu Provinz unterschiedliche Regelungen. Vorschriften und Gebühren können sich ändern. Auskünfte erhält man beim Zentralverband der Fischereiwirtschaft in Finnland, Köydenpunojankatu 7 B 23, SF-00180 Helsinki oder bei der Finnischen Zentrale für Tourismus in 60076 Frankfurt, Tel. 069/7 19 19 80.

Übrige Länder

Vor den Küsten Großbritanniens, Norwegens, der Niederlande und Schwedens ist das Angeln frei. Im Mittelmeer können unterschiedliche Bestimmungen je nach Land oder sogar in vereinzelten Abschnitten eines Landes gelten; man erkundige sich stets bei den Hafenkapitänen.

Schonbestimmungen, Beschränkungen

Zum Schutz der Nutzfischbestände werden immer wieder neue Bestimmungen erlassen. Sie können sowohl für ganze Meere wie auch nur für einzelne Küstenabschnitte Geltung haben. Jeder Skipper muß folgendes beachten:
In bestimmten Kernzonen von Naturschutzgebieten (Nationalparks) ist jegliches Angeln, auch das Graben und Sammeln von Ködern, verboten.

In Fischschonbezirken (in Seekarten eingezeichnet) ist jeglicher Fischfang untersagt. Ein solches Verbot kann zeitlich begrenzt sein. Vor Flußmündungen ist in allen Ostseeländern der Fang von Meerforellen und Lachsen verboten. Dies gilt für einen Bereich von zumeist 500 m, gemessen als Radius von der Mitte der Mündungslinie. In Schleswig-Holstein zählen auch die in der Fischereiordnung aufgezählten Bacheinmündungen dazu; sie sind durch gut sichtbare Tafeln am Ufer gekennzeichnet. Zeitweilig kann ein generelles Fangverbot für eine bestimmte Fischart erlassen werden. Das war zuletzt beim Hering der Fall, dessen Schonung nach prächtiger Erholung aber aufgehoben wurde.

Artenschonzeiten*

wurden für folgende Fischarten erlassen:
Hecht . . . . 20. 03.–15. 05. (Mecklenburg-Vorpommern)
Meerforelle . . . 16. 11.–15. 01. (Dänemark)
01. 08.–31. 10. (Mecklenburg-Vorpommern, Schleswig-Holstein)
Plattfische . . . 01. 02.–30. 04. (Mecklenburg-Vorpommern)
Steinbutt . . . . 01. 06.–31. 07. (Mecklenburg-Vorpommern, Schleswig-Holstein)

Mindestmaße*

gemessen von der Kopfspitze bis zum Schwanzende:
Aal . . . . 35 cm (Niedersachsen, Schleswig-Holstein)
35,5 cm (Dänemark)
45 cm (Mecklenburg-Vorpommern)
Aalmutter . . . . 24 cm (Dänemark)
Barsch . . . . . . 20 cm (Mecklenburg-Vorpommern)
Dorsch . . . . . . 35 cm (alle Gewässer)

---

* Stand 1999, auszugsweise. Während der Schonzeit dürfen die Fische nicht gefangen werden.

Hecht	45 cm	(Mecklenburg-Vorpommern)
	42 cm	(Finnland)
	40 cm	(Schleswig-Holstein)
Hering	16 cm	(Mecklenburg-Vorpommern)
	20 cm	(Schleswig-Holstein/Nordsee)
Meerforelle . . .	40 cm	(überall außer:)
	45 cm	(Mecklenburg-Vorpommern)
Plattfische . . .	25 cm	(überall)
Steinbutt	30 cm	(überall)

Generell muß gesagt werden, daß Artenschonzeiten und insbesondere Mindestmaße ständig Veränderungen unterworfen sind. So wurde beispielsweise von der dänischen Regierung 1993 das Mindestmaß für den Dorsch kurzfristig und zeitlich begrenzt bis 1994 auf 45 cm heraufgesetzt. Auch entlang der Mittelmeerküsten gelten sehr unterschiedliche Bestimmungen, die innerhalb der Staatsgrenzen eines Landes erheblich schwanken können. Zur Reviererkundung gehört auch das Einholen von Angelbestimmungen.

Das Schleppangeln ist überall erlaubt. Ausnahme: In den „Inneren Küstengewässern" Mecklenburg-Vorpommerns, also den Sund- und Boddengewässern, Wieken, Haffen, Buchten, Achterwasser und Peenestrom ist das Schleppangeln nicht erlaubt.

Ämter, Organisationen

Fischereiämter in Deutschland:
Mecklenburg-Vorpommern, s. „Angelscheine", S. 143.
Niedersachsen: Staatliches Fischereiamt, Fischkai, 27572 Bremerhaven.
Schleswig-Holstein: Amt für ländliche Räume, Abtl. Fischerei, Wischhofstr. 1, 24148 Kiel.
Auskünfte über Lehrgänge zur Sportfischerprüfung erhält man bei den Dachverbänden der Anglerschaft:

Anglerorganisationen:
Verband Deutscher Sportfischer (VDSF), Siemensstraße 13, 63071 Offenbach
und
Deutscher Anglerverband, Weißenseeer Weg 110, 10369 Berlin
Auch die Landesverbände der Angler geben Auskünfte, ebenso die Vorstände der örtlichen Angelvereine.
Die Anschriften der Landesverbände der drei Küstenländer lauten:
Landessportfischerverband Schleswig-Holstein, Papenkamp 52, 24114 Kiel
Landesanglerverband Mecklenburg-Vorpommern, 19065 Görslow, Siedlung 18 A;
Landessportfischereiverband Weser-Ems, Mars-la-Tour-Straße 6, 26121 Oldenburg;
Landessportfischereiverband Niedersachsen, Calenberger Str. 41, 30169 Hannover.
Der Dachverband der europäischen Meeresangler ist die EFSA (European Federation of Sea Anglers). Präsident der deutschen Sektion: P. Schumacher, Waldwinkel 11, 28816 Stuhr-Fahrenhorst.
Dachverband der deutschen Meeresangler ist der DMV (Deutscher Meeresanglerverband), Präsident: K. Muskat, Borner Stieg 11, 22417 Hamburg.

Zu guter Letzt: Anglerlatein

Sie haben ihre eigene Sprache, die Angler. Sie knüpfen Vorfächer und binden Haken an, ziehen Köder auf, ködern an und füttern an. Die Anfütterung ist nicht etwa ein Anglermahl in der Pantry, nein, das ist Futter für die lieben Fische, die mit einer Duftspur gelockt werden, damit sie beißen. Dann schlagen Angler an – nicht ans Boot oder dreimal auf Holz, nein, sie setzen den Anhieb und treiben den Haken ein, in den Fisch natürlich. Wenn der sich mit Fluchten wehrt, wird er gedrillt, nicht wie beim Militär, sondern durch beständiges Pumpen mit der Rute. Kommt der Fisch endlich nach oben, dann wird er gegafft (und begafft natürlich) mit einem Enterhaken oder unterfangen mit einem Netz. Ist der Fisch endlich gelandet (an Bord, versteht sich), dann geht's munter weiter mit der Sprachschöpfung der Petrijünger, denn der Fisch wird abgeködert, abgeschlagen und schließlich ausgeweidet.

Aber vor dem Schlachten wird er gemessen. Angler messen Fische ungern mit dem Maßband. Sie nehmen lieber ihre Arme und geben später beim Heurigen das Fischmaß durch Armspreizen an, „soo groooß" sei er gewesen, der Fisch, und wen das nicht beeindruckt, dem wird nachgereicht: Zwischen den Augen sei er so groß gewesen, klar doch.

Die spinnen, die Angler, so möchte man denken. Sprechen Sie's ruhig aus: Sie spinnen nämlich wirklich – mit der Spinnangel!

Allzeit stramme Leinen wünscht seinen Lesern

Carl Werner Schmidt-Luchs

Weiterführende Literatur

Fischbestimmungsbücher:
Muus/Dahlström: Meeresfische, BLV (für Nord- und Ostsee)
Luther/Fiedler: Die Unterwasserfauna der Mittelmeerküsten, Parey-Verlag
Lythgoe: Meeresfische, BLV (alle Bereiche)

Gebietsbeschreibungen und Angeltechnik:
Schmidt-Luchs: Meeresangeln in Europa, Delius Klasing Verlag
Tryckare/Cagner: Das Große Buch des Angelns, Jahr-Verlag (alle Techniken)
Sonderheft „Big Game", Jahr-Verlag (Schleppangeln auf Großfische)
Freund: Sportlicher Großfischfang, Parey-Verlag
Hrubesch/Schicker: Dorschangeln, Parey-Verlag (Dorschpilken)
Schmidt-Luchs: Fischbilder-Lexikon Meeresfische, Jahr-Verlag
Schmidt-Luchs: Meeresangeln, Sonderheft, Jahr-Verlag
Schmidt-Luchs: Modernes Meeresangeln, Jahr-Verlag

Abbildungsnachweis

Balzer GmbH, Lauterbach:
Gerätekatalog 1994 .... Seite 120

CORMORAN Sportartikelvertrieb, Gröbenzell
Katalog 1994 .... Seite 77 (oben rechts)
117

DAIWA-Cormoran-Sport,
Gröbenzell .... Seite 73, 76

Eisele, Dieter, Spezial Fishing Tackler,
Oldenburg i. H.;
Kataloge 1993–1994 .... Seite 74, 77 (unten
rechts und links)
119, 121 (2mal links)

Go Fishing, Schleppangelgerätehandel,
Odense, Dänemark
Schleppgerätekatalog .... Seite 79, 80, 81, 82, 84
100, 101, 121 (rechts)

MUSTAD & Sön A. S., Gjövik, Norwegen   Seite 72

Schmidt-Luchs, Carl Werner, Hamburg
(Verfasser) .... 54 Fotos

YACHT, Delius Klasing Verlag;
Bielefeld und Hamburg .... Seite 128

Die Zeichnungen wurden nach Skizzen des Verfassers angefertigt von
Hans-Georg Berkau, Bielefeld.
Der Autor dankt allen genannten Firmen für die freundliche Überlassung
von geeigneten Abbildungen.

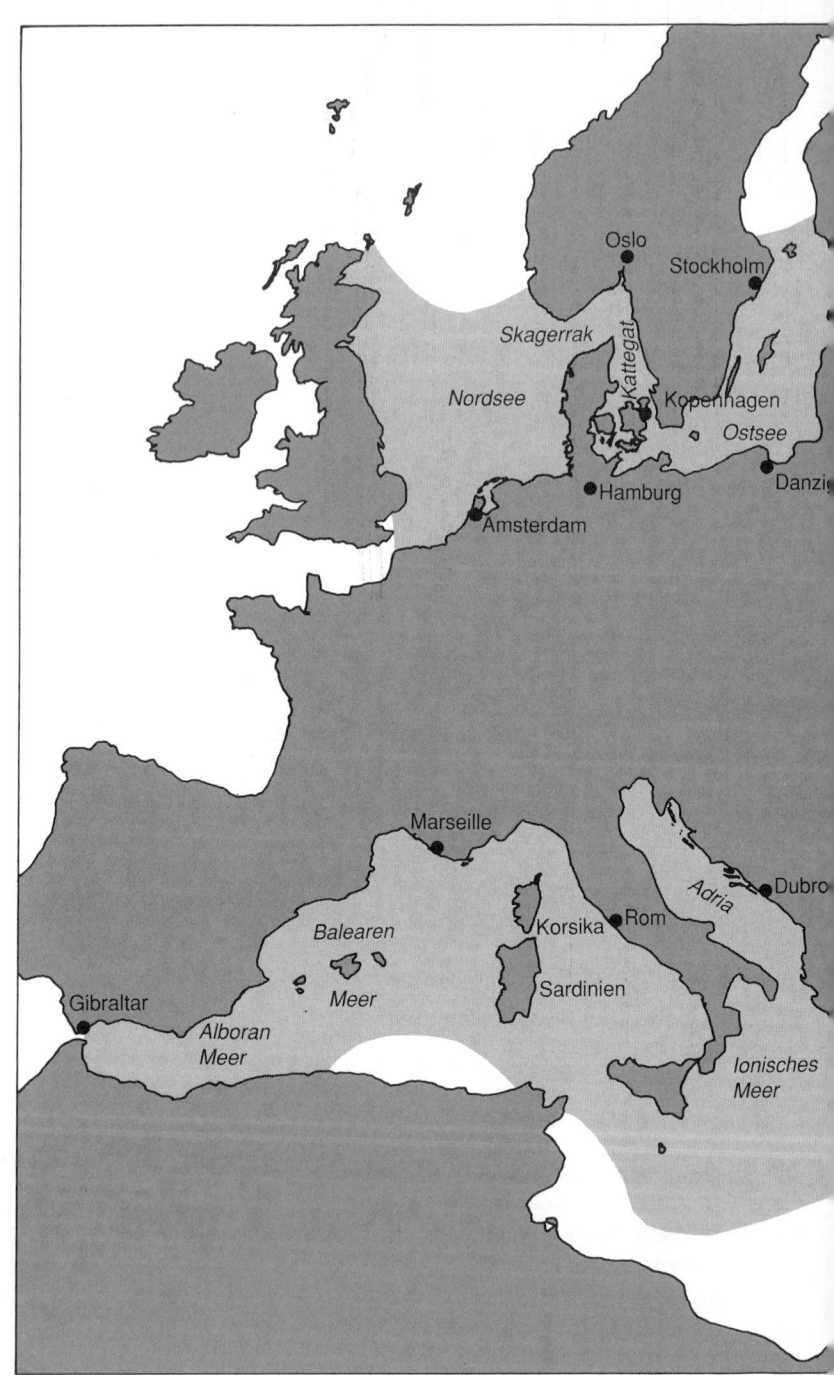

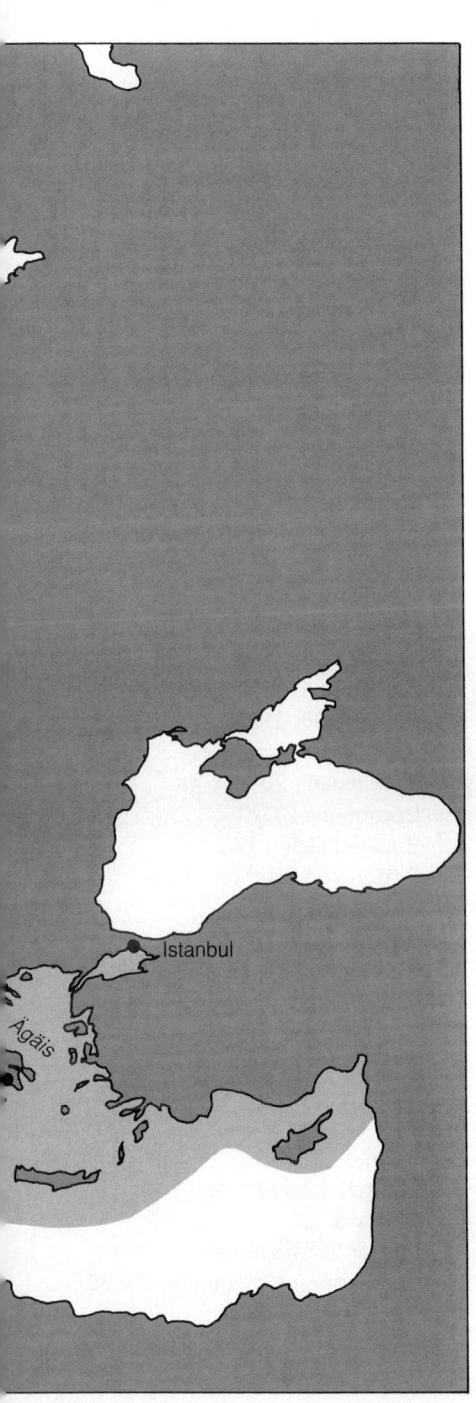

Die hellgrauen Bereiche im Wasser sind in diesem Buch beschrieben. Die empfohlenen Angelmethoden und Köder können auf diese Gebiete angewendet werden. Weitere Gebietsbeschreibungen s. Literaturverzeichnis, S. 150.

153

Sachregister

Die **YACHT-BÜCHEREI** ist die preiswerte Bibliothek für eingehendes Fachwissen auf vielerlei Spezialgebieten. Diese Bände sind lieferbar:

DELIUS KLASING